Ottokar Feistmantel

Steinkohlenflora von Kralup in Böhmen

Ottokar Feistmantel

Steinkohlenflora von Kralup in Böhmen

ISBN/EAN: 9783743329874

Hergestellt in Europa, USA, Kanada, Australien, Japan

Cover: Foto ©berggeist007 / pixelio.de

Manufactured and distributed by brebook publishing software (www.brebook.com)

Ottokar Feistmantel

Steinkohlenflora von Kralup in Böhmen

STEINKOHLENFLORA

VON

KRALUP IN BÖHMEN.

Von

Otakar Feistmantel.

Mit vier Tafeln Abbildungen.

PRAG.
Verlag der königl. böhm. Gesellschaft der Wissenschaften. — Druck von Dr. Ed. Grégr.
1871.

Der Ort Kralup, etwa 5 Stunden nördlich von Prag entfernt und am linken Moldauufer, am Eingange in das Zeměcher Thal gelegen, bildet einen der östlichsten Begränzungspunkte und hiemit das östlichste Ausgehende des grossen Steinkohlen-Bassins im N.W. von Prag, und durch den hier zu Tag tretenden Kohlenschiefer, der reich an Petrefacten ist, einen interessanten Fundort von Steinkohlenpflanzen.

So interessant und so reichlich auch das Vorkommen von Petrefacten an diesem Orte genannt werden muss, um so bitterer, man könnte sagen beschämender ist es, zu gestehen, dass dieser Ort bisher als Fundort von Petrefacten gänzlich unbekannt und unberücksichtigt blieb. —

Denn, wenn wir die bisherige Literatur, die entweder auf die Ablagerung im NW. Prags speciell oder auf die böhmische Steinkohlenformation überhaupt Bezug hat, Rücksicht nehmen, so wird dieser Ort, Kralup, entweder gar nicht, oder bloss als einer der Begränzungspunkte dieser Ablagerung mit angeführt, ohne dass Erwähnung von Petrefacten geschähe.

So wird in der „Uebersicht der Gebirgsformationen von Böhmen" von Prof. Zippe aus dem J. 1831 in dem Aufsatze über die böhmische Steinkohlenformation bei der Angabe der Gränzlinien des Kohlenbassins im Rakonitzer Kreise Kralup noch nicht angeführt. — In den zwei später folgenden allgemeinen Abhandlungen über die böhmische Steinkohlenformation, und zwar von Prof. Zippe im 1842 in seiner Abhandlung „über die Steinkohlen." ferner von Prof. Krejčí in seiner Abhandlung „O kamenném a hnědém uhlí, zvláště v Čechách" in der böhmischen Zeitschrift „Živa 1853," wird Kralup bloss als östlicher Begränzungspunkt der Steinkohlenablagerung im NW. Prags angeführt. Beide jetzt erwähnten Abhandlungen hatten bloss den Zweck die Steinkohlenablagerungen in Böhmen bloss im allgemeinen darzustellen, ohne aufs Detail einzugehen; es konnte daher dem Orte Kralup auch keine besondere Aufmerksamkeit gewidmet werden, wenn auch Petrefacte schon von hier bekannt gewesen wären.

Prof. Reuss in seiner „Kurzen Uebersicht der geognostischen Verhältnisse Böhmens 1854" führt im Aufsatze über die Steinkohlenformation bei der Begränzung des Steinkohlengebietes im NW. Prags Kralup ebenfalls bloss als Begränzungsort an.

Im J. 1854 veröffentlichte Constantin v. Novicki in der Zeitschrift „Lotos" im Maihefte auf Seite 104—112 die Abhandlung über „das Steinkohlenbecken in der Gegend von Schlan-Rakonitz," wo es jedoch in seiner Absicht lag, bloss eine stratigrafische und petrografische Uebersicht der steinkohlenführenden Schichten des ehemaligen Rakonitzer Kreises zu geben; es wird daher Kralup abermals bloss als Begränzungsort angeführt. Im J. 1854 hatte derselbe in 3 Vorträgen im Vereine „Lotos" und zwar in den Sitzungen vom 24. März, 28. April und 12. Mai „die Ausdehnung des Schlan-Rakonitzer Kohlenbeckens und die

1*

Eigenthümlichkeiten seiner Lagerungsverhältnisse besprochen, ohne jedoch Petrefacte zu erwähnen.

Im J. 1861 veröffentlichte Lippold im Jahrbuche der geolog. Reichsanstalt, im 4. Hefte seine umfangreiche Abhandlung über das Steinkohlengebiet im nordwestlichen Theil des Prager Kreises, wo er jedoch das bezeichnete Terrain bloss in geologischer Hinsicht darstellt, der Ort Kralup, der übrigens etwas näher besprochen wird, erscheint da wieder bloss als Begränzungspunkt der Kohlenformation, und zwar in der südlichen Begränzungslinie.

Das palaeontologische, in diesem Terrain gesammelte Materiale hatte D. Stur bearbeitet und in einer eigenen Abhandlung als „Beiträge zur Kenntniss der Steinkohlenflora der Umgebung von Rakonitz" im Jahrbuche der geolog. Reichsanstalt in den Verhandlungen v. 1860 p. 51 veröffentlicht; daselbst werden 53 Arten fossiler Pflanzen aus den Familien der Calamiten, Asterophylliten, Filices, Lycopodiaceae, Sigillarieae und Palmae angeführt, und zwar von den Fundorten: Rakonitz, Lubna, Kladno, Zeměch, Wotwowitz (beide letztere Orte nahe bei Kralup), Buštehrad, Řapic, Koleč, Svolenioves, Tuřan und Libowitz; Kralup blieb abermals unbemerkt. Doch will ich hier zugleich bemerken, dass unter den 53 Arten zwei angeführt werden, die schwerlich vorgekommen sind oder nicht das sind, als was sie angeführt werden, nämlich: Knorria imbricata Stbg. und Sagenaria Veltheimiana Stbg. welche beide Arten wohl zusammengehören und dem Culm eigen sind.

Auch Prof. Geinitz, der im J. 1865 in seinem grossartigen Steinkohlenwerke auch eine Beschreibung des Schlan Rakonitzer Bassins folgen lässt (I. Bd. p. 269—286) und der in dem Verzeichniss der Steinkohlenflora Böhmens neben der oben citierten Abhandlung Stur's das vollständigste Verzeichniss der Petrefacte und Fundorte aus diesem Becken liefert, kannte dennoch Kralup als solchen noch nicht. Er bezeichnet dasselbe zwar als östlichsten Begräuzungspunkt, erwähnt der schroffen Kohlensandsteinwände, die von Kreidequadersandstein überlagert sind, jedoch Kohlenschiefer mit den vielen interessanten Petrefacten führt er nicht an.

Im J. 1866 veröffentlichte Hinterhuber in den „Sitzungsberichten der geologischen Reichsaustalt" auf Ste. 152—154 einen Bericht über eine Bereisung der Steinkohlenablagerung der Umgegend von Kladno. Darin geschieht von Kralup gar keine Erwähnung. Hinterhuber bespricht darin die 2 Flötzzüge dieser Ablagerung, von denen er den *Liegendflötzzug* bei Wotwowitz seinen Anfang nehmen lässt, der dann bis nach Lubna sich erstreckt und dem auch Kladno angehört, wogegen auf dem *Hangendzuge* sich die Orte Libowitz, Tuřan, Schlan etc. befinden. Die aus dem Liegendzuge gesammelten Pflanzenpetrefacte gehören seinem Berichte zufolge meist der 2. Zone Geinitz's, der „Sigillarienzone" an, während die aus dem Hangendzuge meist der 4. und 5. Zone Geinitz's angehören, vorwaltend ist darin Asterophyllites equisetiformis Bgt., der den Ausschlag giebt und zu der 5. Zone gehört, so dass man diesen Zug als zur 5. Zone gehörig ansehen kann. Unser Kralup wird wohl diesem Gürtel ebenfalls angehören und kann mit Recht zum Hangendzuge gerechnet werden. Auch Hinterhuber führt von Kralup keine Petrefacte an.

Doch scheint mir, dass unserem, nur früh für die Palaeontologie verlorenen Custoden Corda, Petrefacte von diesem Orte, oder wenigstens aus demselben Kohlenschiefer, der hier zu Tage tritt, bekannt waren.

Denn in einem von ihm in Arbeit genommenen Werke: „I. Reste mono- und dicotyler

Pflanzen" und „II. Reste vorweltlicher Farne," das durch Corda's Tod unveröffentlicht blieb, das sich aber vollständig im Besitze des böhmischen Museums befindet, beschreibt der Verfasser unter anderem aus der Familie der Lycopodiaceae ein Exemplar als: „Sagenaria elegans Corda" (es ist diess aber nichts anderes, als die schon früher Lindley u. Hutton, sowie Sternberg bekannte Sagenaria (Lepidodendron) elegans Stbg. sp.): als Fundort gibt Corda an die Orte: Wranowitz im Radnitzer Becken und Mühlhausen am östlichen Ausgehenden des Steinkohlenbassins im NW. Prags, ebenfalls am linken Ufer der Moldau etwa eine Stunde nördlich von Kralup; es ist diese Art in demselben Schiefer, wie er bei Kralup zu Tage tritt, erhalten und kommt selbe bei Kralup ungemein häufig vor. Ein zweites Exemplar beschreibt Corda als Stigmaria gigantea Cord. Doch ist diess, wie aus Corda's Zeichnung erhellt, nichts anderes, als die bei Kralup so häufig vorkommende Art, die ich als Halonia regularis L. u Htt. bestimmt habe und die, wie ich später zeigen will, mit Lepidodendron laricinum Stbg. in Verbindung zu stehen scheint. Als Fundort gibt Corda an „Wranowitz" oder „Mühlhausen." Nach der Art dieses Petrefactes und aus dem Umstande, dass Corda selbst im Zweifel war, woher diess Exemplar stamme, möchte ich beinahe behaupten, dass es gerade von Kralup sei, da es unseren Exemplaren nur zu ähnlich ist.

Diess wären also bisher die zwei einzigen Andeutungen von Petrefacten, die, wenn nicht direkt von Kralup, doch wenigstens aus demselben Kohlenschiefer, wie er daselbst zu Tage tritt, stammen.

In Folge der Arbeiten des Comités für naturhistorische Durchforschung von Böhmen, namentlich aber durch die energischen Bemühungen des Museumcustoden Dr. Ant. Frič gewann das Museum von diesem Orte ein reiches palaeontologisches Materiale.

Der eigentliche Fundort ist die sogenannte „červená hůrka", ein kleiner Hügel mitten im Dorfe gelegen, wo der Kohlenschiefer, etwas von Kohlensandstein überlagert, ganz frei zu Tage tritt. Im Süden gränzt dieser Schiefer an die Silurformation, an Barrande's Etage B.; gegen Norden fällt er unter den Kohlensandstein und mit diesem unter die Kreideformation ein; gegen Osten ist er begränzt von der Moldau und gegen Westen setzt er in die übrige Formation fort.

Dieser Hügel, der jetzt gegen Norden isoliert steht von dem übrigen nördlichen Theile der Kohlenformation, hieng gewiss in früheren Zeiten mit diesem zusammen; doch wurde er später durch Naturkräfte und Menschenhand mit demselben ausser Zusammenhang gebracht: grossen Theil mögen dazu Auswaschungen beigetragen haben.

Da nun 1868 Gefahr vorhanden war, dass durch bevorstehende Bauten an dieser Stelle genannter Hügel zum Abplaniren, der Kohlenschiefer daher zum Verschwinden kommen dürfte, so liess Dr. Frič noch rechtzeitig zu wiederholtenmalen daselbst, während der Jahre 1868, 1869 und 1870 zu palaeontologischen Zwecken arbeiten, wodurch ein reiches Material zu Tage gefördert wurde, welches durch die interessanten Petrefacte, sowohl thierischer als pflanzlicher Natur, die es enthält, die unermüdlichen Bestrebungen unseres Custoden reichlich lohnte und als sprechender Beweis untergegangen Lebens an diesem Orte für ewige Zeiten in unseres Museum's Räumen aufbewahrt sich befindet.

Der Kohlenschiefer, wie er hier zu Tage tritt, besitzt wenigstens eine Mächtigkeit von $1\frac{1}{2}°$, ist durchsetzt hie und da von dünnen Kohlen-Schnürchen, als Folge grösserer

Pflanzen-Anhäufungen, auch lagern in den tiefern Bänken 2—3 Schichten von Sphaerosiderit; doch enthält bloss der Schiefer Petrefacte und nicht auch der Sphaerosiderit, wie anderorts, wo gerade er die deutlichst erhaltenen Petrefacte ziemlich reichlich birgt; auf diesen Schiefer folgt feinkörniger gelber Sandstein, den ein grobkörniger, grau-gelber überlagert, der jedoch an der oberen Partie des Hügels noch durchsetzt ist von ersterem; hierauf folgt auf dem gegenüberliegenden nördlichen Hügel der eigentliche grobkörnige gelbe Kohlensandstein, der diesen Hügel an dieser Stelle nicht überlagert: er ist mehr conglomeratartig, und hie und da von dünnen Schichten Gerölle durchsetzt; dieser bildet daselbst die schroffen Felswände längs der Nordbahnstrecke: dieser Sandsteinzug senkt sich dann unter die Kreideformation. Der höchste Punkt dieses letzteren Hügels, auf dem schon Koryeaner Quader lagert, heisst Hostibejk.

Ich lasse hier die zwei zugehörigen Profile folgen.

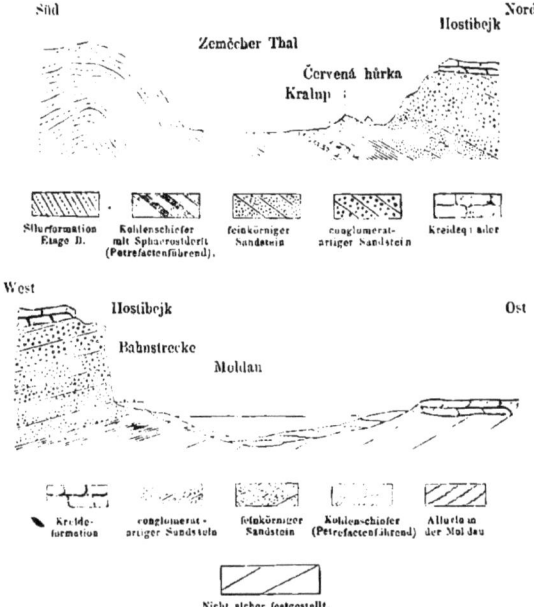

Der Kohlenschiefer, der die zahlreichen Petrefacte enthält, ist sandig thonig, ziemlich stark mit Glimmerblättchen weissgelblicher Farbe durchsetzt; seine Farbe ist grau, doch ist er häufig an einzelnen Stellen rothgelb gefärbt, was von einer Durchdringung von Eisenoxydhydrat herrührt; der Bruch des Schiefers ist milde, das Gestein ziemlich weich, nicht ganz sicher spaltbar, sondern mehr zerbrechlich und nicht in sehr regelmässigen Platten sich theilend.

An der Stelle selbst ist der Schiefer feucht, von wenig Zusammenhang, so dass er leicht zerbricht und so das Herausgenommene, wenn man nicht die gehörigen Vorsichtsmassregeln trifft, durch Sprünge und Risse in Verfall geräth.

Erst wenn der Schiefer allmälig, am besten an einem schattigen Orte getrocknet ist, ist er fester und dann besser aufzubewahren und zu transportieren.

Aehnlich dem Zerfall und Untergange preisgegeben ist auch die Kohlenrinde, die die meisten Petrefacte noch bedeckt und die, wenn sie schnell mit Luft in Berührung kommt und daselbst längere Zeit liegen bleibt, sehr leicht rissig wird und sich ablöst, wenn man nicht früher verhütende Massregeln getroffen, namentlich ist diess der Fall, wo die Kohlenrinde eine dickere ist.

Diesem Orte war es vorbehalten, wieder nach 10 Jahren, nämlich seit dem J. 1858, wo zuletzt aus der Steinkohlenformation ein Krebschen bei Dibři (im Liseker Becken bei Beraun) aufgefunden und durch Herrn K. Feistmantel dem böhmischen Museum geschenkt wurde, Crustaceenreste zu liefern. (Als letzten thierischen Rest aus der böhmischen Steinkohlenformation beschreibt Andrä 1864 in: „Leonhard & Bronn neues Jahrbuch f. Mineralogie etc." auf pag. 173 einen Heuschreckenflügel als „Acridites priscus Andr.", dessen er schon im J. 1863 in: „Sitzungsberichte der naturwissenschaftlichen Gesellschaft „Isis" zu Dresden" p. 181 unter dem Titel „Ueber einen Insectenflügel in der Steinkohlenformation von Stradonic" gedenkt.")

Es war nämlich schon im J. 1868, wo Dr. Frič zum erstenmale zum Behufe palaeontologischer Forschung daselbst sammeln liess, welche Arbeit vom glänzendsten Erfolg gekrönt wurde.

Es wurden nämlich unter den zahlreichen Pflanzenresten mehrere Exemplare eines Scorpions aufgefunden; doch sind unter allen diesen bloss zwei Exemplare deutlich erhalten, während die übrigen mehr minder zerdrückt und undeutlich erhalten sind.

Diese zwei Exemplare ergänzen einander wechselseitig, denn während das eine deutlicher den Körpertheil (Cephalothorax und Proabdomen) erhalten hat, der Schwanztheil (Postabdomen) aber nicht ganz im Abdruck vorhanden ist, ist bei dem zweiten Exemplare wieder nicht der Körpertheil so deutlich erhalten, während der Schwanztheil alle Glieder und am letzten auch den Giftstachel deutlich erhalten trägt.

Doch ist dieser Scorpion, von dem Dr. Frič übrigens alsogleich Photografien anfertigen liess und den er im allgemeinen schon verschiedenorts besprochen, wegen Mangel an Zeit erst heuer beschrieben und abgebildet worden, wo Genannter die Bearbeitung desselben in Angriff genommen und eine Abhandlung nebst den nöthigen Abbildungen im Archiv für Durchforschung von Böhmen erscheinen liess; es stellt Dr. Frič diesen Scorpion zu der bei Chomle aufgefundenen und von Corda als: Cyclophthalmus senior beschriebenen Art.

Ebengesagtes führte ich nur des Zusammenhanges wegen an.

Nicht minder interessant sind die Reste der fossilen Flora, die zu besprechen meine eigentliche Aufgabe ist. Nicht nur reich an Arten, sondern auch zugleich an Gattungen, giebt sie ein treffendes Zeugniss von der Mannigfaltigkeit der Flora während der Steinkohlenperiode an einem verhältnissmässig beschränkten Raume. Von hier stammen auch jene Exemplare, die in mir den Gedanken eines möglichen Zusammenhanges zwischen Lepidodendron (Lepidophloyos) und Halonia, wach riefen, wie ich weiter darstellen will.

Was die Erhaltung der Petrefacte anbelangt, so sind die meisten derselben, wie sie zu Tage kommen, mit einer deutlichen Kohlenschichte bedeckt, deren Dicke sich nach der Petrefactenart richtet, so dass sie an den niedern, mehr krautartigen Pflanzen (wie Asterophylliten und Farnen) nur dünn ist, während sie an den grösseren, mehr festeren Pflanzen ziemlich dick sich erweist (wie z. B. bei Calamiten, Lycopodiaceen und Sigillarieen). Doch haftet diese Kohlenschichte gewöhnlich nur lose an der Unterlage und an die Luft gebracht zerspringt sie leicht, namentlich durch das Auftreten zweier Sprungsysteme, deren Richtung senkrecht oder unter einem schiefen Winkel auf einander stehen, und fällt in Form kleiner, würfelförmiger Trümmer, deren Form durch die eben angedeuteten Sprangrichtungen bedingt ist, auseinander, so dass man, um diese Rinde auf dem Abdrucke erhalten zu können, sie sogleich, oder wenigstens bald nach der Herausnahme mit verdünnter Gummilösung einlassen muss, wodurch selbe mehr an ihre Unterlage geheftet und auch ihre einzelnen Theilchen mehr an einander gehalten werden, und so diese Kohlenrinde wenigstens theilweise erhalten werden kann.

Doch nicht alle Petrefacte sind auf diese Art erhalten, sondern an demselben Orte kommen merkwürdiger Weise auch Exemplare vor, bei denen die erhaltenen Petrefacte nicht mit einer Kohlenrinde bedeckt sind, die sich ablösen liesse.

Nachdem vielmehr beim Aufschlagen eines Stückes der Gegendruck des Petrefactes in dem einen Stücke im concaven Abdruck bleibt, ist das eigentliche Petrefact auf dem andern Stücke erhöht über die Fläche des Grundgesteines erhalten, von derselben Beschaffenheit wie dasselbe, nur etwas dichter, an der ganzen Oberfläche glatt und mit einer röthlichbraunen Farbenlösung eingelassen, die streng den Umriss des Petrefactes verfolgt.

Beobachtet habe ich dieses Vorkommen bei „Cyatheites argutus Bgt. Alethopteris aquilina und pteroides Bgt. etc., so wie auch an einem Exemplare von Asterophyllites equisetiformis Bgt.

Es sind diess wahrscheinlich nur zwei verschiedene Stadien der Verwandlung und Erhaltung der Petrefacte.

Denn bei den ersterwähnten, die noch die Kohlenschichte besitzen, ist es die Pflanze selbst, die sich uns erhalten hat, nur in Kohle verwandelt; diese stellen gleichsam ein Naturherbar dar, wo die Pflanzen durch die Länge der Zeit verkohlt, aber noch immer als solche erhalten sind, während bei der zweiten die Pflanzensubstanz gänzlich verschwunden ist, anstatt ihr das sie umgebende Gestein, als es noch formfähig war, eintrat, und den von der Pflanze verlassenen Raum ausfüllte und so ihre Form annahm. Diese Art Petrefacte stellen gleichsam die Erhaltung von Objekten in Gypsabguss dar.

Die ersteren sind also Petrefacte durch Verkohlung der Substanz, eigentliche Petrefacte; die zweiten sind Ausfüllungspetrefacte, wie es Göppert schon in seinen „fossilen Farrenkräutern" in dem einleitenden, allgemeinen Theile dargestellt hat.

Auch die Grösse der Petrefacte ist verschieden, je nach der Art und je nachdem es gelingt ein grösseres oder kleineres Stück Schieferthon heraus zu befördern und zu erhalten.

Aus dem angehäuften Materiale gelang es mir nach genauer Sichtung und Vergleichung 39 Arten zu bestimmen. Diese 39 Arten vertheilen sich auf 22 Gattungen und auf 5 Ordnungen; nämlich Ordnung Equisetaceae (Calamiteae und Asterophyllieteae) mit 6 Gattungen und 8 Arten; die Ordnung Filices mit 6 Gattungen und 15 Arten; Ordnung Lycopodiaceae mit 6 Gattungen und 8 Arten; Ordnung Sigillarieae mit 2 Gattungen und 5 Arten; Ordnung Nöggerathieae mit 1 Gattung und 1 Art, und 1 Gattung mit 2 Arten unbestimmten Ranges; ebenso eine Art Fruchtähre von bis jetzt unbestimmter Stellung.

Die überwiegendsten Petrefacte sind: aus der Gattung Asterophyllites, die Art Asterophyllites equisetiformis Bgt. und aus den Lycopodiaceen: Sagenaria elegans Stbg. und Lepidodendron dichotomum Stg.; ebenso häufig sind Farnkräuter, so dass man dieses Vorkommen als zur IV. und V. Zone Geinitz's gehörig annehmen kann, wie es genannter Autor auch schon in seinen „Steinkohlen" Bd. I. p. 406 unter No. 9 darstellt.

Es kommen daselbst die früher erwähnten zwei Lycopodiaceenarten auch sehr häufig vor; doch sind es nicht die eigentlichen kohlenbildenden baumartigen Lycopodien, sondern nur die mehr strauchartigen, kriechenden Formen, die, wie es scheint, meist nur mit den übrigen niedern Pflanzen in Gemeinschaft vorkamen.

Nun lasse ich das vollständige Verzeichniss der von mir von Kralup bestimmten Petrefacte folgen, will zugleich, zur Vergleichung, das Vorkommen der einzelnen Arten an andern Orten des übrigen Kladno-Rakonitzer Beckens, sowie der übrigen böhm. Steinkohlenformation und endlich auch der Kohlenformation anderer Länder, so weit mir selbe bekannt waren, beifügen.

Name	Vorkommen bei Kralup	Vorkommen an anderen Orten desselben Beckens	Vorkommen an anderen Orten der böhm. Steinkohlenfor.	Vorkommen in der Steinkohlfor. anderer Länder
A. Equisetaceae.				
a. Calamitae.				
Calamites Suckowi Bgt.	+ Ziemlich selten.	Zeměch, Kladno, Schlan, Lubna, Lána, Votvovic.	Schatzlar, Schvadovitz, Radovenz, Zdárek; Třilep; Stradonitz, Lisek, Zlejcma, Dibří; Žebrák; Miröschau; Letkov; Břas; Stcinoujezd, Nyřan, Mantau, Lihn, Třemošna, Weisser Berg (b. Pilsen), Wilkischen, Blattnitz, Merklin.	Mährisch-Ostran, Schlesien, Sachsen, Ilfeld am s. Harzrande, bayer. Oberpfalz. Grossherzogthum Baden, Dudweiler, Inde-Revier b. Aachen, Westphalen, Piesberg, Lüttich, Ancin b. Valenciennes, Hypolite Elsass), Spanien, Sardinien, Irland, Süd-Russland (Donetz-Bassin.)

Name	Vor-kommen bei Kralup	Vorkommen an anderen Orten desselben Beckens	Vorkommen an anderen Orten der böhm. Steinkohlenfor.	Vorkommen in der Steinkohlfor. anderer Länder
Calamites Cisti Bgt.	+ Selten.	Rakonitz.	Žďárek, Stradonitz, Miroschau.	Rossitz, Schlesien, Sachsen, bayer. Oberpfalz, Grossherzogthum Baden, Dudweiler, Westphalen, Ibbenbüren, Piesberg, Monterelais (Loire inf.), Sardinien, Süd-Russland (Donetz-Bassin).
b. Asterophylliteae. Asterophyllites equisetiformis Bgt.	+ Sehr häufig.	Lubno, Zeměch, Votvovic, Tuřan, Schlan, Libovitz.	Schatzlar, Schvadovitz, Žďárek, Přílep, Dibří, Moštic, Miröschau, Steinoujezd, Nyřan, Mantau, Líhn, Žebnitz (b. Plass), Bříz, Třemošna, Weisser Berg (b. Pilsen), Merklin.	Schlesien, Wettin, Thüringerwald, bayer. Oberpfalz, Grossherzogthum Baden, Saarbrücken, Sardinien.
Volkmannia gracilis Stbg.	+ Sehr häufig.	Lubno.	Moštice, Břas, Přílep, Merklin.	—
Astero phyllites rigidus Stbg.	+ Etwas seltener.	Kladno.	Zlejcina, Dibří, Žebrák, Holoubkau, Třemošna.	Schlesien, Grossherzogthum Baden, Westphalen, Süd-Russland (Donetz-Bassin.)
Sphenophyllum Schlotheimi Bgt.	+ Häufig.	Lubno, Senec, Lána, Zeměch, Votvovitz.	Schatzlar, Schvadovitz, Žďárek, Radovenz, Miroschau, Břas, Moštic, Lochovitz, Svinna, Vejvanov, Steinoujezd, Nyřan, Mantau, Líhn, Žebnitz (bei Plass), Bříz, Weisser Berg (b. Pilsen), Wilkischen, Dobraken. Merklin.	Schlesien, Sachsen, Oberpfalz, Saarbrück, Westphalen, Belgien, Sardinien, Süd-Russland, (Donetz-Bassin.)
Annularia longifolia Bgt.	+ Nicht häufig.	Votvovitz, Kladno.	Schatzlar, Schvadovitz, Radovenz, Stradonitz, Dibří, Žebrák, Miroschau, Holoubkau, Moštic, Břas, Steinoujezd, Mantau, Bříz; Weisser Berg (bei Pilsen).	Mährisch Ostrau, Schlesien, Sachsen, Wettin, bayer. Oberpfalz, Grossherzogthum Baden, Neunkirchen, Inde-Revier b. Aachen, Westphalen. Piesberg b. Osnabrück; Tarentaise, Portugal, Spanien, Toskana, Sardinien.

Name	Vorkommen bei Kralup	Vorkommen an anderen Orten desselben Heckens	Vorkommen an anderen Orten der böhm. Steinkohlenfor.	Vorkommen in der Steinkohlfor. anderer Länder
Pinnularia capillacea Ldl. und Hutt. (Wurzelstock eines Asterophyliten.)	+ Nicht häufig.	Votvovitz.	Stradonitz, Hýskow, Bříś, Merklín.	Sachsen, bayer. Oberpfalz, Westphalen, Piesberg b. Osnabrück, Irland.
B. Filices. Sphenopteris elegans Bgt.	+ Ziemlich häufig.	Rakouitz, Kladno.	Schatzlar; Přílep; Žebrák; Svinná; Bras, Moštitz; Třemošna, Weisser Berg (bei Pilsen); Žebnitz (bei Plass), Merklín.	Schlesien, Sachsen.
Sphenopteris obtusiloba Bgt.	+ Selten.	Rapitz, Senetz, Votvovic, Kladno.	Schatzlar, Schvadovitz, Přílep, Stradonitz, Zlejcina, Svinná, Chomle, Bras, Lochovitz, Vejvanov, Nýřan.	Rheinpfalz.
Hymenophyllites furcatus Bgt.	+ Nicht häufig.	Votvovitz. Rakonitz.	Schatzlar, Schvadovitz, Přílep, Stradonitz, Zlejcina, Žebrák, Svinná, Bras, Moštitz; Steinoujezd, Bříz, Třemošna, Weisser Berg (b. Pilsen), Merklín.	Schlesien, Sachsen, Inde-Revier (bei Aachen) Westphalen, Belgien, Anzin (N. Frankreich), Central-Frankreich.
Schizopteris Lactuca Presl.	+ Seltener.	—	Schvadovitz, Vranovitz.	Sachsen, Grossherzogthum Baden, Inde-Revier (b. Aachen), Westphalen.
Schizopteris Gutbieriana Presl.	+ Sehr häufig.	Votvovitz.	Schvadovitz, Stradonitz, Zlejcina, Steinoujezd, Nýřan, Bříz; Weisser Berg (b. Pilsen), Blattnitz.	Sachsen, Ilfeld am südl. Harzrande, Stockheim, Oberpfalz.
Neuropteris rubescens Stbg.	+ Häufig.	Lána.	Stradonitz; Vranovitz, Moštic; Steinoujezd, Žebnitz (b. Plass); Třemošna, Weisser Berg (bei Pilsen).	—

2*

Name	Vorkommen bei Kralup	Vorkommen an anderen Orten desselben Beckens	Vorkommen an anderen Orten der böhm. Steinkohlenfor.	Vorkommen in der Steinkohlfor. anderer Länder
Cyatheites Oreopteridis Göpp.	+ Häufig.	Koleč, Tuřan, Lána, Zeměch, Votvovitz.	Schvadovitz, Žďárek, Přílep, Miröschau, Moštic, Břas, Nýřan, Steinonjezd, Mantau. Lihn, Bříz, Třemošna, Weisser Berg (b. Pilsen), Wilkischen, Dobraken, Merklin.	Rossitz (Mähren) Schlesien. Ilfeld am südl. Harzrande, bayer. Oberpfalz; Central-Frankreich. Portugal, Sardinien.
C. Miltoni Göpp.	+ Häufig.	Koleč, Tuřan, Kladno, Rakonitz, Libovitz, Lána, Zeměch, Votvovitz.	Schatzlar, Schvadovitz, Žďárek, Zlejcina, Steinoujezd, Nýřan, Mantau, Lihu. Zebnitz (b. Plass), Třemošna. Weisser Berg (bei Pilsen), Wilkischen, Dobraken. Merklin; Vranovitz, Břas, Svinná. Vejranov, Moštic.	Schlesien, Sachsen, Ilfeld am südl. Harzrande, Stockheim, bayer. Oberpfalz, Grossherzogthum Baden, St. Ingbert bei Saarbrück, Inde-Revier b. Aachen, Westphalen, Anzin, Central Frankreich, Sardinien.
C. dentatus Bgt. sp.	+ Sehr häufig.	Kladno, Rakonitz. Votvovitz.	Schatzlar, Schvadovitz, Stradonitz, Zlejcina, Břas, Steinoujezd; Nýřan. Mantau, Bříz, Třemošna. Blattnitz, Merklin.	Rossitz. Schlesien, Sachsen, Ilfeld am südl. Harzrande, Stockheim, Neunkirchen; Inde-Revier b. Aachen. Anzin, Irland.
C. argutus Bgt.	+ Selten.	Schlan.	—	Sachsen, Ilfeld am südl. Harzrande, Saarbrück, St. Etienne, in Sud-Frankreich, Portugal, Sardinien.
Alethopteris Serli Bgt.	+ Ziemlich häufig.	Schlan. Lotouch, Zeměch.	Schatzlar, Schvadovitz, Žďárek, Zlejcina, Přílep, Weisser Berg (bei Pilsen); Třemošna, Steinoujezd; Nýřan. Lihn; Svinná.	Rossitz Mähren). Schlesien. bayer. Oberpfalz, Piesberg, St. Etienne. (Süd Frankreich) Sardinien.
Alethopt. lonchitidis Stbg.	+ Seltener.	—		Schlesien, Dudweiler (Rheinpfalz) Westphalen, Ibbenbuhren, Belgien. St. Etienne. (Süd-Frankreich, Spanien, Sardinien.
Aleth. aquilina Bgt.	+ Häufig.	Rakonitz; Svolenoves, Zeměch.	Schvadovitz, Žďárek, Radovenz, Třemošna, Lihn, Mantau.	Schlesien. Sachsen, Ilfeld am südl. Harzrande. Grossherzogthum Baden. Geislautern (Rheinpfalz); Piesberg, Spanien. Südrussland (Donetz-Bassin).

Name	Vorkommen bei Kralup	Vorkommen an anderen Orten desselben Heckens	Vorkommen an anderen Orten der böhm. Steinkohlenfor.	Vorkommen in der Steinkohlfor. auderer Länder
Alethopt. pteroides Bgt.	+ Häufig.	Schlan, Koleč, Kladno, Tuřan, Libovitz, Zemech.	Schvadovitz, Ždárek, Miroschau, Wilkischen, Třemoschna, Lhin, Mantau, Steinoujezd, Bříz.	Rossitz (Mahren); Schlesien, Sachsen, Ilfeld am südl. Harzrande, Storkheim, bayer. Oberpfalz; Grossherzogthum Baden; Saarbruck; Inde-Revier b. Aachen, Westphalen; Piesberg; St. Etienne.
Alethopt. nervosa Bgt.	+ Seltener.	—	Steinoujezd.	Schlesien, Sachsen, Stockheim; Inde-Revier b. Aachen; Lüttich (Belgien).
C. Lycopodiaceae. Lepidodendron dichotomum Stbg.	+ Sehr häufig.	Rakonitz; Kladno; Brandeisl, Rapic, Lubno, Zemech.	Schatzlar, Schvadovitz, Ždárek; Lisek, Zlejcina; Svinná, Chomnle, Vranovic, Břas, Vejvanov, Skoupy; Lochovic; Darova; Blattnitz, Dobraken. Třemošna, Žebnitz, Mantau, Nyřan, Steinoujezd, Merklin.	Sachsen, bayer. Oberpfalz, Rheinpfalz, Inde-Revier b. Aachen, Westphalen, Piesberg, Irland.
Lepidodendron laricinum Stbg.	+ Seltener.	Schlan, Lubno.	Schatzlar, Schvadovitz, Přilep, Miroschau; Svinná; Břas, Vranovitz, Třemošna, Žebnitz, Lihn, Mantau, Steinoujezd, Merklin.	Sachsen, Rheinpfalz, Westphalen.
Holonia regularis Lindl. und Hutt. (Corda's: Stigmaria gigantea.)	+ Ziemlich häufig.	Mühlhausen (!)	Lisek, Blattnitz.	England.
Sagenaria elegans L. H.	+ Sehr häufig.	Kladno, Rakonitz, Řapice, Lubna, Zeměch.	Schatzlar, Zebrák, Mostice, Svinná, Vranovitz, Dobraken, Blattnitz, Weisser Berg (b. Pilsen), Třemoschna, Žebnitz (b. Plass); Nyřan, Steinoujezd, Merklin.	Saarbrucken, Inde-Revier b. Aachen, Westphalen, Piesberg.

Name	Vorkommen bei Kralup	Vorkommen an anderen Orten desselben Beckens	Vorkommen an anderen Orten der böhm. Steinkohlenfor	Vorkommen in der Steinkohlfor. anderer Länder
Lepidophyllum majus Bgt.	+ Häufig.	Lubno.	Schatzlar, Schvadovitz, Lisek, Zlejcina, Miröschau, Břas. Svinná; Steinoujezd, Wilkischen, Weisser Berg (b. Pilsen), Třemošna, Bříz; Lihn, Merklín.	Schlesien, Sachsen, bayer. Oberpfalz.
Lepidostrobus variabilis. Lind. & Hutt.	+ Häufig.	—	Schvadovitz, Schatzlar, Lisek, Stradonitz, Přílep, Mirsöchau, Břas, Steinoujezd, Weisser Berg (b. Pilsen), Třemošna, Žebnitz (b. Plass) Mantau, Nyřan, Merklín.	Schlesien, Sachsen, bayer. Oberpfalz, Westphalen, Piesberg.
Lepistrobus ornatus Ldl. und. Hutt.	+ Selten.	—	—	England.
Bergeria rhombica Presl.	+ Seltener.	—	Schvadovitz, Lisek, Steinoujezd, Blattnitz, Plass, Merklín.	—
Ullodendron clipticum Stbg. zu verschiedenen Lycopodiaceen gehörig.	+ Selten.	—	Schatzlar.	
D. Sigillarieae.				
Sigillaria pes Capreoli Bgt.	+ Selten.	Kladno.	Břas.	Sachsen, bayer. Oberpfalz.
Sigillaria alveolaris Bgt.	+ Selten.	Rapice.	Břas, Steinoujezd.	Schlesien, Saarbrücken.
Sigillaria alternans L. H.	+ Selten.	Libovitz.	Radovenz, Lisek, Miröschan. Steinoujezd. Dobraken.	Schlesien, Sachsen, bayer. Oberpfalz, Inde-Revier b. Aachen, Westphalen.
Sigill. Candolli Bgt.	+ Selten.	—	Lihn.	Alais (Centr. Frankreich).
Stigmaria ficoides Bgt.	+ Sehr häufig.	Kladno, Rakonitz, Buštěhrad, Lubno, Votvovitz, Rapitz. Lána, Senetz. Zeměch.	Schatzlar, Schvadovitz. Žďárek, Radovenz, Lisek, Zlejcina, Žebrák; Miröschau, Holonbkau, Letkow, Sviuná, Břas; Lochovitz, Přívětitz, Dvorotz, Vejvanov, Steinoujezd, Nyřan, Blattnitz, Wilkischen, Dobraken, Weisser Berg (b. Pilsen), Třemošna, Bříz, Žebnitz, Lihn, Mantau, Merklín.	Rossitz, Mährisch-Ostrau, Schlesien, Sachsen, Stockheim, Rheinpfalz, Inde-Revier, Worme-Revier (b. Aachen), Westphalen, Piesberg, Belgien, Frankreich, Südund Central-Russland.

Name	Vor-kommen bei Kralup	Vorkommen an anderen Orten desselben Beckens	Vorkommen an anderen Orten der böhm. Steinkohlenfor.	Vorkommen in der Steinkohlfor. anderer Länder
E. Nöggerathieae. Cordaites borassifolia Ung.	+ Ziemlich häufig.	Kladno, Kolec, Rapic, Senec, Lána, Zeměch, Votvovic.	Schatzlar, Schvadovitz, Ždárek, Stradonitz, Dibří, Přílep, Miröschau, Holoubkau, Svinná, Chomle, Vranovitz, Steinoujezd, Blattnitz, Dobraken, Weisser Berg, (b. Pilsen); Třemošna, Bříz, Żebnitz, Lihn, Mautau.	Schlesien, Sachsen, Grossherzogthum Baden, Westphalen. Central-Frankreich, Tarentaise, Sardinien, Irland, Südrussland (Donetz-Bassin).
F. Incertae sedis. Carpolithes granularis Stbg.	+ Selten.	—	Radnitz.	—
C. contractus Stbg.	+ Selten.	—	Radnitz.	—
Ein Fruchtstand sp.	+ Selten.			—

Nun will ich die einzelnen Arten näher besprechen und zugleich die wichtigsten Werke dabei anführen, wo sie abgebildet, beschrieben und besprochen werden.

A. Equisetaceae.

a. Calamites Suckow 1784.

Calamites-Arten finden sich bei Kralup im allgemeinen ziemlich selten vor. Sie kamen bis jetzt immer flachgedrückt und auf Schieferthon als Abdrücke vor, nie als Stämmchen oder Ausfüllungspetrefacte. Gewöhnlich ist ihre Substanz als Kohlenrinde erhalten, die sich aber leicht ablösen lässt. namentlich an der Luft; fast immer bleibt sie erhalten den Furchen entlang und an den Gelenken. Auch sind sie von keiner bedeutenden Grösse, überhaupt schwächlich. Hie und da sind die Exemplare macerirt, so dass Continuitätsstörungen vorkommen und häufig die Rippen eines oder mehrerer Glieder durch Spaltungen auseinander treten. Es kommen zwei Arten vor:

Calamites Cisti Bryt.

1828 Brongniart in Histoire des végétaux fossiles I. p. 129 tb. 20
1855 Geinitz: Versteinerungen der Steinkohlenformation von Sachsen p. 6 tb. 11 f. 7. 8 tb. 12 f. 4. 5; tb. 13 f. 7.

Ist bis jetzt bei Kralup in sehr wenigen und unvollkommenen Exemplaren vorgekommen; bietet nichts besonderes dar.

Calamites Suckovi Bgt.

1784 Calamites .... Suckow in Acta Academ. Theodoro-Palatinae V. p. 355—363 tb. 16 f. 2; tb. 18 f. 11, tb. 19 f. 8. 9.

1828 C. Suckowi Bgt; Brongniart in Histoire des végétaux fossiles I. p. 124 tb. 14 f. 6; tb. 15 f. 1—6; tb. 16 f. 2—4.

1854 C. communis Ettingshausen in Steinkohlenflora von Radnitz p. 25

1855 C. Suckowi Bgt; Geinitz in Versteinerungen der Steinkohlenformation von Sachsen p. 6; tb. 13 f. 1—6.

Etwas häufiger als vorige Art, aber auch im allgemeinen selten und untergeordneten Vorkommens; gewöhnlich sind die Glieder unverhältnissmässig lang gegen die Breite entwickelt, eine Erscheinung, die ich auch anderorts bemerkt zu haben glaube, dass Exemplare von geringerem Durchmesser also wahrscheinlich junge oder weniger entwickelte Exemplare gewöhnlich langgliedrig sind, während bei ältern und kräftiger entwickelten Exemplaren die Glieder kürzer sind, wodurch wahrscheinlich der Pflanze ein grösserer Halt gegeben wurde. Die Tubercula an den Gelenken sind deutlich wahrnembar.

b. Asterophylliteae.

Uebereinstimmend mit Prof. Geinitz's Ansichten habe auch ich die Asterophylliten getrennt von den Calamiten hingestellt, indem gerade an Exemplaren von diesem Orte die Unterscheidungsmerkmale der Asterophylliten von Calamiten deutlich auftreten, denen zufolge die ersteren an den Gelenken aufgetrieben sind und bloss gegenständig, daher zweireihig ihre Aestchen tragen, während die Calamiten an den Gelenken eingezogen sind und um das ganze Gelenk herum ihre Aeste vertheilt haben. Ein weiterer Unterschied, den ich bemerkt zu haben glaube und den ich mir zur allgemeinen Beurtheilung hinzustellen erlaube, dürfte in der Art der Befestigung der Fruchtähren in den Gelenken, gelegen sein; denn nach vielfach von hier beobachteten Fruktifikationsstadien der Asterophylliten waren die Aehren derselben gestielt in den Gelenken eingesetzt, die Stiele waren ähnlich gegliedert, wie die Stengel mit denselben Auftreibungen an den Gelenken wie derselbe.

Bei den Calamiten jedoch war höchst wahrscheinlich die Fruchtähre nur kurz und nicht so deutlich gestielt am Gelenke angebracht. Das habe ich beobachtet an einem Exemplare von Calamites Suckowi Bgt. von Radovenz, das ich erst näher beschreiben will: es stellt ein Exemplar von 2 Gliedern und 1 Gelenk dar, von der linken Seite des Gelenkes geht eine Fruchtähre, die deutlich eingelenkt ist, ab und die sich als Huttonia carinata Germ. präsentiert und nur sehr kurz gestielt am Gelenke angebracht ist; der Stiel ist nur durch eine Verengerung der Aehre an der Basis angedeutet.

Auch zeigen die bei Germar (Löbejun und Wettin 1845, p. 90, tb. 32, *Fig. 1. 2*) abgebildeten Huttonien, sowie jene von Sternberg (in: Verhandlungen der Gesellschaft des vaterländischen Museums zu Prag. 1837, p. 69, tb. 1.) nur sehr kurze Fruchtährenstiele. Endlich giebt auch die Form der Fruchtähren beider Gattungen ein wichtiges Unterscheidungsmerkmal an die Hand.

Die Ansicht Ettingshausens, die er im J. 1851 aufstellte und der zufolge er die Asterophylliten (mit ihren Aehren) als beblätterte Aeste von Calamites communis Ettgh. betrachtet, die jedoch keine Nachfolger und keine Anerkennung gefunden, ist in neuester Zeit abermals vorgebracht worden, und zwar von dem Engländer Carruthers, der jedoch auch noch die Sphenophylla und Annularien zu Calamites hinzieht und diess Verdienst der Vereinigung desswegen schon als eigenes hinstellt. Derselbe veröffentlichte nämlich im J. 1869 in der Zeitschrift: „The geological magazine" auf Ste. 289—300 die Abhandlung: „The cryptogamic forests of the coal period" wo er auf Seite 292 diese Ansicht als seine hinstellt. Ich will die betreffende Stelle citiren; er sagt: „No group of fossil plants can more fully ilustrate the imperfect materials, with which the palaeontologicoe botanist has to deal, than that group, which I have united under the nam: „Calamites." Auf Seite 293 und 294 hierauf setzt er diese Ansicht weiter auseinander und bespricht die einzelnen Glieder dieser neu von ihm (?) vereinten Gruppe.

Schimper hat in neuester Zeit in seinem: „Traité de palaeontologie végétale etc." 1870. diese 3 Arten ebenfalls getrennt von den Calamiten dargestellt, hat aber zum Ueberflusse des Namenregisters die Gattung Asterophyllites gänzlich umgetauft und Calamocladus genannt.

Asterophyllites Brongniart 1828.

Diese Gattung ist durch zwei Arten vertreten:

Asterophyllites equisetiformis Bgt.

1828 Asterophyllites equisetiformis Brongniart in: Histoire des végét. fossiles p. 159.
1851 Calamites communis: Ettingshausen in Haidingers Abhandlungen, III. Theil; p. 75.
1854 Ast. equisetiformis Germar in: „Löbejum und Wettin" Heft 2, p. 21, tb. 8, f. 4. 5.
1855 Dsgl. Prof. Geinitz: Versteinerungen der Kohlenformation von Sachsen, p. 8, tb. 17 f. 1. 3.
1870 Calamocladus equisetiformis Schimper: „Traité de pal végétale" p. 324, tb. 22, f. 1. 2. 3.

Diese Art ist ungemein zahlreich vertreten; auch kommt sie in mitunter schönen Exemplaren vor; und zwar häufig genug in ganzen Pflanzenexemplaren; viel häufiger aber in einzelnen Aestchen: unter andern besitzt unser Museum ein Exemplar von hier, das sehr gut erhalten ist; es stellt einen grossen Theil der ganzen Pflanze dar mit dem Stengel, von dem nach beiden Seiten, gegenüberstehend, die beblätterten Zweigchen abgehen, der erhaltene Theil des Stengels ist etwa 7" lang und gegen $\frac{1}{2}$" breit, und zählt rechts und links je 9 Seitenzweige. Letztere sind bis 3" lang und gegen das Ende etwas nach abwärts umgebogen: an den Gelenken des Stengels sind auch noch die Scheidenblättchen deutlich erhalten.

Die Blättchen der Zweige sind ziemlich lang, aber verhältnissmässig schmal, mit einer dünnen Kohlenschicht bedeckt. Ausser diesem mehrere andere Exemplare.

Hieher gehört auch das schon früher erwähnte Exemplar, wo anstatt der ursprünglichen Masse, die nicht als Kohlenschichte erhalten ist, Gesteinsmasse eintrat, welche die ursprüngliche Pflanzenform getreu wiedergiebt und in einer röthlich-braunen Färbung erscheint; dieses Exemplar, nar das einzige, ist zugleich etwas kräftiger als die übrigen, was an den breiten Blättchen abzusehen ist

Ebenso häufig sind Fruchtstände von diesem Asterophylliten. Es sind diese ähnlich d nen, die Sternberg beschrieb als Volkmannia gracilis Stbg., die Geinitz aber als zu Asterophyllites grandis Stbg. gehörig vermuthete. Geinitz: Steinkohlen Deutschlands etc. Bd. I. p. 309).

Bei diesen Fruchtähren glaube ich zwei Entwickelungsstadien beobachtet zu haben. Bei der einen Art derselben sind nämlich die Stützblättchen um das Gelenk sehr dicht gedrängt, liegen mehr an der Axe an und auch die einzelnen Glieder der Axe sind mehr an einander gerückt, so dass die Spitzen der Stützblättchen des einen Gliedes an die Basis derselben des nächsten Gliedes stossen und so die ganze Axe verdeckt wird und so die Aehre viel kräftiger, massiger erscheint. (*Tab. I. Fig. 1*)

Bei der zweiten Art jedoch sind die Glieder auseinandergerückt, die Stützblättchen, die übrigens spärlicher vorhanden sind, stehen mehr von der Axe ab, so dass man diese zwischen den einzelnen Gelenken deutlich sieht; auch ist diese Art gewöhnlich länger als erstere.

Doch gehören gewiss diese beiden zu einer und derselben Art, nur in verschiedenen Entwickelungs- vielleicht auch Altersstadien.

Ich ziehe diese Art zu Asterophyllites equisetiformis Bgt., weil sie hier mit demselben eben so häufig vorkommt und weil weiter Exemplare nicht gar so selten vorkommen, wo diese Aehren deutlich an den Asterophyllitenstengeln sitzend angetroffen werden und zwar Aehren aus beiden erwähnten Entwickelungsstadien; so besitzt unser Museum unter andern ein Exemplar, wo zwei Aehren, im ersten Stadium, je eine an jedem Gelenke, sitzen; (*Taf. I. Fig. 1.*); ferner ein anderes, wo ebenfalls zwei, auch je eine an jedem Gelenke, aber aus dem zweiten Stadium, an einem Stengel sich befinden. Diese Aehren sind verschieden lang, deutlich gestielt und zwar ziemlich lang gestielt; ausserdem deutlich eingelenkt, wobei das untere der Stengelglieder, zwischen denen die Aehre aufsitzt, in seinem oberen Theile nach aussen erweitert ist und so gleichsam als Hauptträger der Aehre erscheint. — Der Fruchtstiel ist, wie schon früher erwähnt, ebenso beschaffen wie der Asterophyllitenstengel.

Uebrigens scheinen diese Fruchtähren nichts anderes zu sein, als zu Fruchtorganen umgeänderte Astorgane, wobei die Gliederung derselben bestehen blieb und nur die Astblättchen zu Stützblättchen wurden, wofür auch noch der Umstand sprechen würde, dass diese Fruchtorgane meinen Beobachtungen von hier und anderen Orten Böhmens zufolge an unverzweigten und mithin unbeblätterten Exemplaren vorkommen. (*Taf. I. Fig. 1*). Vielleicht mag auch hier der Unterschied zwischen „fruchttragenden" (unverzweigt und unbeblättert) und „unfruchtbaren" (mit Zweigen und Blättern) bestanden haben.

Ich führe diesen Fruchtstand unter dem Namen: Volkmannia gracilis Stbg. des Zusammenhanges halber im Verzeichnisse an.

Schimper in seinem oben erwähnten Werke zieht diese Aehre ganz neu zu: Calamostachys typica Schimp. „Traité" p. 328.

Diese Aehren, namentlich die im ersten Entwickelungsstadium sind gewöhnlich mit einer ziemlich dicken Kohlenschichte bedeckt, die jedoch, je dicker sie ist, desto leichter abbröckelt.

Doch habe ich auch ein Exemplar beobachtet, das auf die zweite von den erwähnten Arten erhalten ist, wo nämlich die ursprüngliche Substanz verloren gieng und die Form nur durch Gesteinsausfüllung erhalten blieb.

Asterophyllites rigidus Bgt.

1820—25 Bruckmania rigida Stbg. Vers. I., Fasc. 4., p. 29. tb. 19. f. 1.
1828 Asterophyll. rigidus Bgt. Prodrome p. 159. 176.

1836 desgl. Lindley et Hutton „Fossil flora of gr. Brittain tb. 211."
1855 desgl. Geinitz in: Versteinerungen der Steinkohlenformation von Sachsen p. 9, tb. 17, f. 7—9
1870 Calamocladus rigidus Schimp. „Traitée vég." p. 324.

Diese Art ist bis jetzt nur sehr vereinzelt vorgekommen.

Eine von den ersterwähnten Fruchtähren auf diese Art zurückzuführen gestattet eben das sehr seltene Auftreten dieser letzteren, sowie derjenige Umstand, dass dieser Art ein anderer Fruchtstand, nämlich die Volkmannia polystachya Stbg. zugeschrieben wird, nicht.

Annularia Brongniart 1828.

Diese Gattung weist nur eine Art auf:

Annularia longifolia Bgt.

1828 Annularia longifolia Bgt. Prodrome p. 156.
1820—25 Annularia fertilis Stbg. I., fasc. 4., tb. 51, f. 2, p. 31.
 „ „ floribunda Stbg. ibidem p. 31.
 „ „ spinulosa Stbg. ibid. p. 31, tb. 19.
1833—35 Asterophyllites equisetiformis Lindl. et Hutt. flora fossil of great Brittain II, tb. 124
1851 Annularia fertilis Ettgh. in: Haidingers Abhandlungen Bd. IV. p. 83.
 „ „ longifolia ib p. 84.
Bruckmannia tuberculata und
Calamites communis ib. p. 74.
1855 Annularia longifolia Bgt: Geinitz in: Versteinerungen der Steinkohlenformation von Sachsen p. 10 und 11, tb. 18, f. 5; tb. 19.
1870 Schimper „Traité de pal. vég." p. 348, tb. 23, f 5. 10; tb. 26.

Diese Art, die in der übrigen böhmischen Kohlenformation häufig vorkommt, fand sich bei Kralup bis jetzt nur selten vor; die Blättchen sind etwas schmäler als bei der gewöhnlichen Form, und nähert sich die Form etwas mehr der Art Annulari radiata Bgt. Ihr Fruchtstand. Bruckmannia tuberculata Stbg. fand sich bis jetzt nicht vor.

Sphenophyllum Brongniart 1828.

Diese Gattung, die Carruthers in der erwähnten Schrift auch zu den Calamiten zog, ist jedoch, gleich wie die Asterophylliten und noch sicherer als diese eine selbstständige Gattung; sie stimmt mit den Asterophylliten in den Hauptunterscheidungsmerkmalen von den Calamiten, nämlich Aufgetriebensein der Gelenke und zweireihige Vertheilung der Aeste völlig überein; auch ihre Fruchtähre scheint, wie die der Asterophylliten gestielt und gegliedert gewesen zu sein, und war ähnlich gebaut. Der Unterschied zwischen Asterophyllites und Sphenophyllum liegt in den Blättchen und in dem Bau der Fruchtähre.

Sphenophyllum war gewiss wie Asterophyllites nur eine niedere Pflanze, die keine besondere Grösse erreichte und an der Steinkohlenbildung nicht besonders theilnahm, während Calamiten oft zu ungeheurer Grösse emporwuchsen und neben Sigillarien und Lepidodendreen auch Materiale zur Steinkohlenbildung lieferten. Diese Gattung ist vertreten nur durch eine einzige Art:

Sphenophyllum Schlottheimi Bgt.

1828 Sphenophyllum Schlotheimi Brongniart Prodrome p. 68.
1831—33 Dsgl. Lindley und Hutton: flora fossil of great Brittain I. tb. 27, f. 1.2.
1851 Desgl. var α. β. γ. δ. Ettingshausen in Haidinger Abhandlungen Bd. 4, p. 85. 86.
1855: Sphenophyllum emarginatum und saxifragoefolium z. Th. Geinitz in: Versteinerung der Steinkohlenformation von Sachsen p. 12. 13.
1870 Sph. Schlotheimi Bgt: Schimper „Traité de pal. vég." p. 339, tb. 25, f. 20. 21.

Diese Art kommt ziemlich häufig bei Kralup vor und zwar sowohl in einzelnen Blattwirteln, als in grösseren, vollkommeneren Exemplaren; die Form der Blättchen ist sehr variabel; meist herrscht die zerschlitzte Blättchenform vor, die Blättchen und die Stengel sind meist mit einer dünnen Kohlenschichte bedeckt.

Endlich kommt bei Kralup auch jenes eigenthümliche Petrefact vor, das Lindley et Hutton als

„Pinnularia capillacea Lp." beschrieben, und das jetzt allgemein von den Palaeontologen als Wurzelstock und Wurzelfasern von Asterophylliten-Arten angesehen wird. Ich führe daher diese Art am Schlusse dieser Familie an.

Doch ist sie bis jetzt nur selten vorgekommen.

Die bis jetzt besprochenen Arten kommen in dem Schieferthon unter den übrigen Petrefacten ziemlich gleichmässig vertheilt und häufig mit ihnen auf derselben Schieferplatte vor. Wie ich schon erwähnt, haben die Asterophylliteae gewiss sehr wenig zur Steinkohlenbildung beigetragen, während die Calamiten wesentlichen Theil daran nahmen; daher hier das untergeordnete, beinahe seltene Auftreten der Calamiten, die noch dazu blos in kleinen, schwächlichen Exemplaren auftreten, und dafür das häufige Vorkommen von Asterophylliten, die den Faren das Gleichgewicht halten.

B. Filices.

Die Petrefacte, die hieher gehören, kommen entweder in grössern Wedeln — diess seltener — oder, was das häufigere Vorkommen ist, in einzelnen Fiedern oder Fiederchen, oder auch in blossen Stengeln vor; gewöhnlich sind die hieher gehörigen Petrefacte überzogen mit einer dünnen Kohlenschichte, der ursprünglichen, nur in Kohle verwandelten Substanz, so dass sie auf dem lichtern Grundgestein ziemlich deutlich hervortreten.

Auch fruchttragende Exemplare werden angetroffen, doch seltener. Auch die Filices kommen im allgemeinen gleichmässig in den Schieferthonschichten und unter den andern Petrefacten vertheilt vor.

Sphenopteris Sternberg 1825.

Diese Gattung ist durch zwei Arten vertreten:

Sphenopteris obtusiloba Bgt.

1828 Sph. obtusiloba Bgt.: Histoire des végét. foss. 1. p. 204, tb. 53, f. 2.
1836 Cheilanthites obtusilobus Göppert: Systema filicum fossilium p. 246.
1854 Sph. obtusiloba Bgt.; Ettingshausen in: Steinkohlenflora von Radnitz p. 37. tb. 21 f. 2.
1870 Desgl. Schimper „Traité de pal. vég" p. 399, tb. 30, fig. 1.

Diese, namentlich bei Bras so häufige Art, kam bis jetzt selten und unvollkommen vor; ich kenne sie bloss in einem Exemplare, das den Rest eines Fieders darstellt, wo jedoch die Fiederchen, so weit sie erhalten und zu sehen sind, die charakteristische Form der Sph. obtusiloba Bgt. tragen.

Sphenopteris elegans Brgt.

1820 Acrostichum silesiacum, Volkmann in Silesia subterranea p. 111, tb. 14, f. 2.
1828 Sphenopteris elegans Brongniart: Histoire des végétaux fossiles 1. p. 172, tb. 26 f. 1. 3.
1836 Cheilanthites elegans Göppert: Systema filicum fossilium p. 233, tb. 10, f. 1; tb. 11, f. 1. 2.
1853 Desgl. Geinitz: Preisschrift p. 40, tb. 2, f. 8.
1855 Desgl. Geinitz: Versteinerungen der Steinkohlenformation von Sachsen p. 16, tb. 27, f. 5.

Diese Art ist etwas häufiger vorgekommen als die erstere; auch in viel vollkommeneren Exemplaren, namentlich sind zwei Stücke sehr schön vorgekommen, von denen das eine den grössten Theil eines Wedels darstellt mit links ganz erhaltenen sechs Fiedern; rechts sind sie zum grössten Theile verdeckt. Die frühere Blattsubstanz ist als dünne Kohlenschichte erhalten, wodurch die Fiederchen deutlich hervortreten.

Hymenophyllites Göppert 1836.

Diese Gattung kommt vor als

Hymenophyllites furcatus Brgt. sp.

1828 Sphenopteris furcata Brongniart, histoire des vég. fossiles 1. p. 181, tb. 49, f. 4. 5.
1828 Sph. trichomanoides, Sph. acutiloba Brongt, ibidem.
1836 Hymenophyllites furcatus Göppert in: Systema filicum fossilium p. 259.
1854 Sph. acutiloba Bgt. Ettingshausen in: Steinkohlenflora von Radnitz p. 35, tb. 18 f. 1.
1855 Hymenoph. furcatus Geinitz in: Versteinerungen der Steinkohlenformation v. Sachsen p. 17. tb. 24, f. 8—13.

Diese Art kommt auch nicht gar häufig vor.

Exemplare, die hier vorgekommen sind, tragen theils den Charakter der früheren Art: Sphenopteris acutiloba Bgt., theils den Charakter der früheren Sphenopteris trichomanoides Bgt., die beide jetzt in Hymenophyllites furcatus vereint sind, und das mit Recht.

Von der ersteren Art sind bisher zwei Exemplare vorgekommen, die ziemlich vollkommen sind und als Druck und Gegendruck zu einander gehören. Sie stellen einen Theil eines ziemlich grossen Wedels dar und bestehen aus drei Fiedern, mit ansehnlichen Fiederchen, woraus man leicht einen Schluss auf die Grösse und Stattlichkeit dieses Farnes ziehen darf. Die Substanz ist bei diesen Exemplaren nicht als Kohlenschichte erhalten, sondern dieselben befinden sich in der zweiten erwähnten Art der Erhaltung; dessenungeachtet sind die Blattnerven ziemlich deutlich erhalten.

Die zweite Art von Hymenophyllites zeichnet sich durch Zartheit der Fiederchen aus, die tief geschlitzt sind; die Fiederfetzen sind dann sehr dünn und zart; der Mittelnerve ist bei den einzelnen derselben ganz sichtbar; die Fiederchenfetzen laufen jedoch nicht ganz spitz aus, sondern sind am Ende etwas kolbig erweitert und tragen an dieser Stelle einen schwarzen Punkt; es sind diess die Fruchthäufchen dieses Farnes, die, als Charakteristikon dieser Art, an den Fiederblattenden angebracht sind: ihre Substanz ist hier in Kohle verwandelt und die Form ist, wie man deutlich absehen kann, nierenförmig, mit dem convexen Rande gegen die Fiederchenfläche, mit dem concaven gegen die Spitze desselben gekehrt. — Diese Art hat zwar gegenwärtig die Kohlenrinde nicht mehr erhalten: doch ist sie ursprünglich vorhanden gewesen und nur später verloren gegangen, was auch das Erhaltensein derselben auf den Sporenhäufchen beweist.

Schizopteris Presl 1838.

Diese Gattung kommt bei Kralup ungemein häufig und in den verschiedensten Formvarietäten vor; bald ist ihr ganzer Habitus schlank, das Blatt tief geschlitzt, mit dünnen, sich wiederholt spaltenden Fetzen; oder ist es seichter geschlitzt mit kürzern, breitern Fetzen, wodurch ihr Aussehen ungemein variabl wird.

Doch kann man immer den Grundcharakter der einzelnen hier vorkommenden Arten herausfinden, ohne sich vielleicht zur Aufstellung neuer Arten veranlasst zu sehen.

Diese Gattung scheint etwas geselliger und in Gruppen gelebt zu haben, da sie nicht immer und nicht so gleichförmig vertheilt unter den übrigen Petrefacten angetroffen wird, sondern nur zeitweise, dann aber in grösseren Mengen vorkommt.

So ist sie im Jahre 1868 unter dem gewonnenen Materiale nur spärlich vorgekommen, während sie im J. 1869 ungemein häufig auftrat: auch sie ist an der Oberfläche mit einer dünnen Kohlenschichte bedeckt.

Schimper nennt sie als neue Gattung: Rhacophyllum. Sie kommt in zwei Arten vor:

Schizopteris Lactuca Presl.

1835 Fucoides crispus v. Gutbier „Zwickauer Schwarzkohlen p. 13, tb. I.. f. 11, tb. VI. f. 18
1838 Schizopteris Lactuca Presl in Sternberg II. fasc. 7. S. p. 112.
1855 Schizopteris Lactuca Pr., Geinitz in: Versteinerungen der Steinkohlenformation von Sachsen p. 19. tb. 26. f. 1.

Diese Art kommt bei Kralup etwas seltener, als die folgende Form vor; erscheint in dem gewöhnlichen Habitus. Nach Schimper Rhacophyllum Lactuca „Traité de pal. vég." p. 684. tb. 46. f. 1.

Schizopteris Gutbieriana Presl sp.

1835 Fucoides filiciformis v. Gutbier „Zwickauer Schwarzkohlen p. 11. tb 1. f. 3. 6. 7. 8. 13.
1838 Rhodea Gutbieriana Presl in Sternberg II. fasc. 7. s. p. 11.
1855 Schizopteris Gutbieriana Geinitz in: Versteinerungen der Steinkohlenformation von Sachsen p. 19, tb. 25, f. 11—14.
1870 Rhacophyllum filiciforme Schimper Traité de pal vég. p 685. tb. 47 f. 3 - 6.

Diese Art kommt häufig vor; sie ist es, die in so mannigfachen Varietäten auftritt, die ich schon früher angedeutet habe. — Schimper trennt von dieser Art einzelne Varietäten als selbstständige Arten, die ich an unseren Exemplaren leicht herausfinden könnte. Doch ist dadurch gar nichts gewonnen, sondern nur das Namenregister vermehrt und Prof. Geinitz hatte gewiss auch seine Gründe, warum er diese Varietäten vereint liess.

Neuropteris Sternberg 1825.

Diese Gattung kommt bei Kralup nur in einer Art vor:

Neuropteris rubescens Stbg.

1825 Sternberg II. p. 136, tb. 50, f. 1. 6.
1854 Ettingshausen Steinkohlenflora von Radnitz tb. 14, f. 4. 5.

Zu dieser Art zähle ich eine Neuropteris, die völlig übereinstimmt mit der Neuropteris rubescens, wie sie Ettingshausen in seiner „Steinkohlenflora von Radnitz" abbildet. Sie kommt bei Kralup ziemlich häufig vor; die Substanz ist als Kohlenschichte erhalten.

Cyatheites Göppert 1836.

Die Gattung ist die zahlreichst unter den Filices vertretene, die bei Kralup vorkommen; auch kommen bei den Arten dieser Gattung die grösst erhaltenen Wedel vor.

Ihre Arten kommen ziemlich gleichmässig unter den übrigen Petrefacten vertheilt in den Schichten vor.

Schimper hat in seinem „Traité de palaeontologie végétale" den alten Gattungsnamen „Pecopteris" für die einzelnen Cyatheitesarten wieder aufgenommen.

Cyatheites Oreopteridis Gopp.

1820 Filicites Oreopteridis Schlotheim Petrefacten p. 407, tb. 6, f. 9.
1825 Pecopteris Oreopteridis Stblg. I. fasc. 4. p. XIX; II. fasc. 5. 6., tb. 22, f. 1.
1828 Des '. Brongniart: Histoire des vég. foss. I. p, 317. tb. 104, f. 1. 2., tb. 105. f. 1. 2. 3.
1836 Cyatheites Oreopteridis Göppert Systema filicum fossilium p. 323.
1854 Desgl. Ettingshausen Steinkohlenflora von Radnitz p. 43, tb. 15, f. 2.
1855 Desgl. Geinitz in: Versteinerungen der Steinkohlenformation von Sachsen p. 25, tb. 28, f. 1 4

Diese Art kommt ziemlich häufig vor, und zwar ebenso in ganzen Wedeln als in einzelnen Fiedern, ohne jedoch besondere Formverschiedenheit zu bieten. Ist meistentheils bedeckt mit einer dünnen Kohlenschichte.

Cyatheites Miltoni Artis sp. (Göppert).

1825 Filicites Miltoni Artis Antedeluvian phytologg. tb. 14.
1828 Pecopteris Miltoni Bgt. Histoire des vég. fossiles I., p. 333, tb. 114.
Pecopteris polymorfa Bgt. ib. p. 331 tb. 113.
1836 Cyatheites Miltoni Göppert Systema filicum fossilium p. 324.
1854 Cyath. undulatus Ettingshausen: Steinkohlenflora von Radnitz p. 44, tb. 21. f. 3.
1855 Cyatheites Miltoni Artis sp., Geinitz in: Versteinerungen der Steinkohlenformation von Sachsen p. 27. tb. 30. f. 5—8; tb. 31, f. 1—4.

Diese Form kommt sehr häufig vor und mit sehr verschieden geformten Fiederchen die bald tiefer, bald seichter gekerbt, bald bloss am Rande gewellt sind und diess oft an einem und demselben Exemplare, daher Brongniarts Benennung: Pec. polymorfa Bgt.

Diese Art kommt auch häufig genug in grössern Wedeln und Wedelstücken vor; namentlich bemerkenswerth ist ein Wedel mit 15 seitlichen Fiedern beiderseits.

Die Substanz ist als Kohlenschichte erhalten.

Cyatheithes dentatus Bgt. sp.

1825 Filicites plumosa Artis Antediluvian phytologg. tb. 17.
1828 Pecopteris dentata Bgt. Histoire des végét. fossiles I. p. 346 tb. 123.
  " P. plumosa ibidem p. 348, tb. 121. 122
1821—28 P. mucronata Stbg. Vers. I., fsc. 2., p. 30, tb. 26, f. 6.
  "   " P. angustissima Stbg. I., fsc. 2, p 29, tb. 23, f. 1. a. b.
  "   " P. radnicensis ib. p. 161, tb. 58, f. 1. etc.
1836. Cyatheites dentatus Göppert Systema filicum fossilium p. 325.
1854 Asplenites angustissimus, Pecopt. Glokeriana, P. angustifida, P. mucronata, plumosa, radnicensis, Ettingshausen in: Steinkohlenflora von Radnitz.
1855. Cyath. dentatus Geinitz: Versteinerungen der Steinkohlenformation von Sachsen p. 26. tb. 25, f. 4; tb. 29. f. 10—12, tb 30. f. 1—4.

Diese Art ist die häufigste Cyatheitesart bei Kralup und macht die verschiedensten Formvarietäten und Entwickelungsstadien durch; erscheint als Cyath. plumosus, C. mucronatus, C. dendatus und als C. Selesiacus Göpp.; häufigst sind die Exemplare gut erhalten und die Petrefacte mit einer dünnen Kohlenschichte bedeckt, wodurch sie sich deutlich von dem Untergrunde abheben.

Cyatheites argutus Bgt. sp.

1825 Pecopteris arguta Stbg. Vers. I., fasc. 4, p. XX
1836 Cyatheites argutus Göppert Systema filicum fossilium p. 359.
1855 Cyatheites argutus Bgt.; Geinitz in: Versteinerungen der Steinkohlenformation von Sachsen p. 24, tb. 29, f. 1—3.

Sehr selten bei Kralup, bisher in einem einzigen Exemplare; diess gehört zu jener Art von Petrefacten, wo die Pflanzensubstanz nicht zu Kohle ward, sondern verloren gieng und eine röthlich braune Färbung dieser Stelle die Contouren der Pflanze deutlich wiedergiebt; auch die Nerven sind trotzdem ganz deutlich sichtbar.

Alethopteris Göppert 1836.

Diese Gattung kommt nur selten vor. Die meisten Exemplare, die hier vorkommen, sind Ausfüllungspetrefacte ohne Kohlenrinde, dabei aber mit gut erhaltenen Contouren und Mittelnerven.

Sie ist durch 5 Arten vertreten, die aber bisher nur spärlich und vereinzelt vorkamen, und nichts besonderes darbieten.

C. Lycopodiaceae.

Die Arten dieser Ordnung kommen bei Kralup ungemein häufig vor; doch sind es fast ausschliesslich niedere (wahrscheinlich bloss kriechende) Formen, die hier erhalten sind; die grössern baumartigen, eigentlichen kohlenbildenden Lycopodiaceen sind bisher nicht vor, gekommen: es lag dieser Ort weit ausserhalb des Bereiches der Kohlenbildung.

Auch diese Arten sind blos als Abdrücke, auf Unter-Gestein erhalten, ohne eigentliche Stämmchen zu bilden; lassen daher auf keine besondere Grösse und Stärke schliessen.

Nur eine Gattung, nämlich die Halonia kam in grösseren Exemplaren vor.

Ausser den Pflanzen selbst kommen daselbst noch die einzelnen Theile vor, als: Fruchtzapfen, ferner die Blättchen, und zwar diese sehr häufig deutlich mit den Blattschuppen, die dann am Stamme den Eindruck zurücklassen.

Es sind diess nicht etwa die Blättchen von den Lepidostrobus, sondern gewiss von dem Stamme selbst, wofür ihre Grösse, sowie die der Schuppe spricht, doch sind sie auch für die hier vorkommenden Lepidodendron- und Sagenariaarten, wenigstens den Schuppen nach, zu gross und lassen eher auf eine Sagenaria obovata Stbg. schliessen; ich glaube daher, dass diese Lepidophyllen, sowie einige von den grösseren Zapfen (Lepidostrobus) nicht diesem Orte ursprünglich eigen sind, sondern etwa aus der Nähe, wo die grösseren Arten wucherten, zugeschwemmt wurden.

Das Vorkommen dieser Lepidophylla bei Kralup scheint die Anheftung derselben bei den Lepidodendreen etwas mehr zu beleuchten.

Es kommen nämlich diese Lepidophylla (*Tab. I. Fig. 4 5.*) daselbst häufig mit den Blattschuppen noch in Verbindung vor; ausserdem findet man auch Petrefacte, die Carpolithen ähnlich sind; auch diese kommen häufig vor. (*Tab. I. Fig. 2. 3.*) Doch haben Exemplare von Lepidophyllen, die noch mit Schuppen in Verbindung standen, die diesen vermeintlichen Carpolithen ganz ähnlich waren (*Tab. I. F. 5.*) und in einem Stadium der Ablösung der Schuppe vom Blatte standen, gezeigt, dass diese vermeintlichen Carpolithen nichts anderes sind, als die, der Blättchen entblössten Schuppen.

Es war nun die Anheftung der Blättchen vielleicht folgende: Am Stamm befanden sich spiralförmig die Blattpolster mit ihren, für die einzelnen Arten charakteristischen Formen, auf diesen nun sassen die Blätter, mittelst an ihrem unteren Ende angebrachten Schuppen; diese trugen an der dem Stamme zugekehrten Fläche, mit der sie aufsassen, den Abdruck des Blattpolsters; auf der Aussenfläche jedoch waren sie bloss längs gestreift, und es scheint, dass sich die Blätter auch von diesen ablösen konnten. Nun scheint bei dem Wachsthum der Vorgang folgender gewesen zu sein. Es wurden auf gewöhnlichem Wege bei Aelterwerden des Stammes die Blätter sammt den Schuppen abgeworfen, und die Stämme behielten auf der Oberfläche nur die Blattpolster und mit diesen erscheinen sie gewöhnlich im Abdrucke: die abgefallenen Blättchen sind dann die Lepidophylla mit den Schuppen.

Doch manchmal sind die Blättchen allein abgefallen, und die Schuppen blieben auf den Blattpolstern und die Stämme haben sich dann auch in dieser Form erhalten: diese Formen wurden dann als selbstständige Gattung: Aspidiaria erhalten.

Doch bin ich überzeugt, dass diess nur ein abnormes Entwickelungsstadium ist.

Denn diess Aspidiariastadium habe ich beobachtet bei Lepidodendron dichotomum Stbg., Sag. elegans Stbg. sp., Sag. obovata Stbg., Lepidodendron laricinum Stbg.; und die Knorria imbricata Stbg. scheint nur ein solches Aspidiariastadium von Sag. Veltheimiana Stbg. zu sein.

Lepidophylla mit Schuppen sind sicher erwiesen für Lepidodendron dichotomum Stbg. (von Bras) und diese von Kralup (und andern Orten) scheinen der Sagenaria obovata Stbg. anzugehören. Auch bei den Lepidostrobis scheint ein ähnliches Verhältniss geherrscht zu haben.

Ebenso bei den Sigillarien: wenigstens lässt es sich nach Schimpers Zeichnungen in seinem „Traité d. p. végétale" 1870 tb. 67 f. 3 4 annehmen.

Lepidodendron Sternberg 1820.
Lepidodendron dichotomum Stbg.

1820. Sternberg Vers. I., fasc. 1., p. 19. tb. 1. 2.
1828. Lepidodendron Sternbergi Brongniart Prodrome p. 85.
1831—36. Dsgl. Lindley & Hutton flora fossil tb. 4
1838. Lepid. dichotomum Presl in Sternberg II., fasc. 7. 8 , p. 177, tb. 68. f. 1.
1854. Lep. dichotomum, brevifolium, Sternbergi, Göppertianum, crassifolium Ettingshausen
   in : „Steinkohlenflora von Radnitz'
1855. Lep. dichotomum Stbg., Geinitz in: „Versteinerungen der Steinkohlenformation von
   Sachsen" p. 34, tb. 2, f. 6—8, tb. 3, 1—12.

Diese Art kommt bei Kralup ungemein häufig und in den verschiedensten Varietäten, sowohl entrindet und entblättert, als auch noch mit Rinde und Blättchen vor; häufig dichotom ; doch tritt es nur als niedere, kriechende Form auf, nicht baumförmig, in Form von ganzen Stämmchen, wie anderorts. Mit Leichtigkeit liessen sich die Formen herausfinden, in welche Ettingshausen diese eine Art in seiner „Steinkohlenflora von Radnitz" zu trennen suchte; neuester Zeit hat Schimper denselben Weg eingeschlagen; doch alle diese verschiedenen. oben aufgezählten Arten sind bloss Varietäten einer und derselben Art.

Wie die Exemplare zu Tage kommen, sind sie bedeckt mit einer ziemlich dicken Kohlenschichte. die auch die Schuppenabdrücke trägt; es sind diess dann die eigentlichen Blattpolster als Positive.

Ist aber die Kohlenschichte abgelöst, so bleibt im Gestein das Negativ derselben zurück — als vertiefte Abdrücke der Blattpolster, ein Beweis, dass diese Kohlensubstanz die ganze Pflanze selbst repräsentirt, nur in Kohle verwandelt.

Lepidodendron laricinum Stbg.

1825. Lepidophloyos laricinus Stbg. I., fsc. 4., p. XIII.
1845. Lomotophloyos crassicaule Corda in : Beiträge zur Flora der Vorwelt p. 17, tb. I, f. 1—7. Derselbe in Sternberg II , p. f. 10—14 ; tb. 68 f. 20.
1854. Lepidodendron laricinum Geinitz in: „Flora der Kohlenformation des Hainichen-Ebersdorfer und Flöhaer Kohlenbassins p. 47, tb. 11, f. 4—7.
1854. Lepidophloyos laricinus Stbg.; Ettingshausen : Steinkohlenflora von Radnitz p. 57.
1870. Lepidophloyos laricinus u. Lomatophloyos crassicaule Schimper in seinem : „Traité de pal. végét." II. p. 49., tab 59, f. 4. tb. 60, f. 11 ; tb. 64, f. 1. 6.

Diese Art als solche allein kommt bei Kralup ziemlich selten vor und zwar ganz ausgesprochen bisher in einem einzigen Exemplare; doch häufiger zugleich als nächste Art, nämlich

Holonia regularis Lindl. et Hutt.

1831. Halonia regularis L. II. in: Flora fossil of great Brittain II. p. 179, tb. 228.
1870. Halonia tortuosa, Schimper in seinem: Traité de palaeont. vég. II , p. 54., tb. 66.

Diese Art kommt bei Kralup sehr häufig vor; von hier stammen die Exemplare von Lepidodendron laricinum und von Halonia regularis, die in mir den Gedanken hervorriefen. dass diese beiden Arten in einer sehr nahen Beziehung stehen. Lindley und Hutton bilden in der „Flora fossil of great Brittain" auf tab. 228 Exemplare von Stämmchen ab, die auf der Oberfläche mit in regelmässigen Reihen gestellten Höckern besetzt sind (Lindley's „tubercles"); soviel sich aus den Abbildungen entnehmen lässt, besass jedes von diesen Exemplaren 6 Reihen solcher Tubercles. Angeblich sind diess Astnarben; doch ist diess nicht entschieden. Das in Fig. 2 abgebildete besitzt ausser den grössern Höckern im unteren Theile kleinere punktförmige Höckerchen; diess sind gewiss bloss die Spuren der früher am Stamme vorhanden gewesenen Blattschuppen. Lindley und Hutton nannte sie Halonia regularis L. H., ohne jedoch weiter ihre verwandtschaftlichen Beziehungen anzugeben.

Zu dieser Art nun zähle ich ähnlich beschaffene Exemplare, die bei Kralup ziemlich häufig vorkamen und schon seit dem Jahre 1868 und hierauf im J. 1869 ziemlich zahlreich auftraten.

Bis jetzt sind 7 Exemplare von verschiedener Grösse und Form vorgekommen; meist sind sie jedoch bloss als Gegendruck erhalten: das Stämmchen ist bloss bei einem Exemplare vorhanden.

Auch diese Exemplare haben die früher erwähnten Höcker, jedoch als Negativ, also als Vertiefungen in den angedeuteten regelmässigen Reihen, in verschiedener Anzahl erhalten, was sich meist nach der Grösse und Form des Exemplares selbst richtet.

So ist das eine Exemplar gegen 8" lang und gegen 4" breit, besitzt 2 Reihen von solchen Höckervertiefungen; in der einen Reihe mit 5 solchen Vertiefungen und einer 6ten angedeutet, in der zweiten Reihe ebensoviel.

Bei einem zweiten, das gegen 7" lang und gegen 4" breit ist, sind 3 Reihen von Vertiefungen erhalten: in der einen Reihe sind 3 solche und eine 4. angedeutet:

in der zweiten Reihe sind zwei erhalten, und eine 3. angedeutet:

in der dritten Reihe ist bloss eine Narbe.

Ein drittes Exemplar ist gegen 7" lang und gegen 3" breit, besitzt 3 Reihen von Höckervertiefungen: in der einen Reihe befinden sich solcher drei,

in der zweiten vier ganze, und die fünfte angedeutet:

in der dritten eine ganze und eine angedeutete.

Ein viertes Exemplar, das grösste von allen, misst gegen 14" Länge und 5" Breite, gehört als Positiv und Negativ zu einander; am Positiv sind Höcker, am Negativ Vertiefungen; ersteres besitzt Kohlenrinde, letzteres ist entrindet: zeigt 5 Reihen von 3—13 Höcker Blattspuren angedeutet.

Und so ähnlich bei den übrigen. Im allgemeinen sind diese Exemplare, so wie die Höcker, respective die Vertiefungen derselben etwas grösser und stärker als die von Lindley und Hutton abgebildeten.

Sie sind grösstentheils entrindet, ohne Kohlenschichte; nur hie und da an den grossen Narben ist selbe in kleinen Partien erhalten; diese sind, wie schon früher erwähnt, als Gegendrücke von entsprechenden Hervorragungen vertieft, gewöhnlich von einem ringförmigen Well umgeben; in der Mitte jedoch dieser Vertiefung ist gewöhnlich ein unregelmässig gerunzeltes kleines Höckerchen, das bei gut erhaltenen Exemplaren wieder eine kleine Vertiefung einschliesst. (Taf. IV, fig. 2.) Wären diese Höcker, respective Vertiefungen Reste von Aesten, so würde dieser eben angedeutete Befund derselben auf ein Eingelenktsein der Aeste schliessen lassen und die erwähnten kleinen Höckerchen würden dann Andeutungen der Durchgangsstellen von Gefässen aus dem Stamme in die Aeste vorstellen. (Tab. II. III, IV.) Diese Exemplare aber besitzen noch eine andere interessante Eigenschaft. Sie besitzen nämlich neben den grossen Narben an verschiedenen Stellen der Oberfläche noch andere kleinere Narben, welche die Form der Schuppen des Lepidodendron laricinum Stbg. tragen; bei den meisten jedoch sind sie nicht ganz deutlich als solche ausgesprochen, sondern lassen sich bloss durch eine rhombische Zeichnung, namentlich in der Nähe der grossen Narben erkennen. (Tab. II, III).

Doch eines unter ihnen trägt sie ganz deutlich, ist ein ausgesprochenes Lepidodendron laricinum Stbg. neben Halonia regularis L. H. Dieses Exemplar hat eine etwas unregelmässigere Umrissform: ist im allgemeinen 3″ lang und $4^{1}/_{2}″$ breit; es scheint von einem älteren Individuum abzustammen; denn die grossen Narben, deren hier 4 vorhanden sind, sind viel grösser als bei den früher erwähnten Exemplaren, stehen auch etwas von einander ab; dennoch lässt sich aber ihre regelmässige Stellung in Reihen und mithin ihre Zugehörigkeit zu Halonia regularis L. H. diesem zufolge, nicht verkennen. (Tab. IV. fig. 1.)

Auch diess Stück ist grösstentheils der Kohlenrinde entblösst, nur an den grossen Narben ist selbe an den Rändern derselben als ein dünner, mehr weniger regelmässiger Ring und ausserdem in der Mitte an dem früher erwähnten Höckerchen erhalten; diese Höckerchen inmitten der Narben sind etwas grösser als bei den früher erwähnten Exemplaren und lassen auch nicht jenen regelmässigen Bau derselben erkennen, der auf das Abfallen eines eingelenkt gewesenen Organes schliessen liesse, sondern tragen mehr den Charakter eines Abgebrochenseins an sich; doch die übrige Fläche und Umgebung der Narbe sind analog den frühern gebaut; auch sie zeigen Runzeln, sie sind ebenfalls in dem Schieferthone vertieft; aber die Vertiefung geschieht nicht plötzlich, sondern allmälig, aus einer gewissen Entfernung, so dass die Narben gleichsam am Grunde einer trichterförmigen Vertiefung liegen und zwischen den einzelnen Narben das Gestein nicht flach erscheint, sondern Wälle bildet, die dadurch hervorgebracht werden, dass der Anfang des Umkreises der Vertiefung der einen Narbe mit dem Anfange des Umkreises der übrigen sich beinahe bis zum Berühren nähern.

Die übrige Oberfläche nun trägt deutlich die Abdrücke von Blattpolstern, die ihrer Form und Organisation nach der von Sternberg aufgestellten Art Lepidophloyos laricinum (jetzt Lepidodendron laricinum Stbg. sp.) angehören und zwar sind sie mehr ähnlich der in Fig. 3. 4. auf Tab. XII. Vers. I. abgebildeten; sie haben dieselbe Rhombengestalt mit ausgeschweiften Rändern und dem ähnlich gebauten Blattnärbchen am obern Winkel; in diessm kommen auch noch die Ueberreste der gewöhnlich daselbst befindlichen 3 Punkte, als Andeutungen des Durchganges der Blattgefässe; bei unserem Exemplare ist meist nur der mittlere erhalten, doch lässt sich mit Bestimmtheit annehmen, dass auch die übrigen zwei vorhanden waren und die ganze Form der Blattpolster und Blattnarben ist entscheidend genug, um sie als zu Lepidodendron laricinum Stbg. gehörig mit Gewissheit ansprechen zu dürfen; zugleich muss man aber besagtes Exemplar den grossen Narben zufolge als Halonia regularis L. H. bezeichnen.

Was ferner noch die Blattpolster selbst anbetrifft, so ist noch als merkwürdig anzuführen, dass die Reihen derselben nicht fortlaufend um den Stamm erscheinen, sondern mehr in concentrischen Ringen um die vertieften Narben gestellt sind; in der Nähe der Narben sind sie dichter gedrängt und übereinander greifend; mehrere derselben sind mit Kohlensubstanz ausgefüllt.

Diess Stück ist das einzige, was ich je in dieser Art gesehen. Denn an den bisher abgebildeten Exemplaren, sowie an solchen, die ich von andern Orten sah, waren neben den Lepidodendronschuppen sonst keine grossen Narben vorhanden: nur an einem einzigen Exemplare von Bras, das sich in meines Vaters Sammlung befindet, ist am Rande des Stückes eine ähnliche Narbe.

Auch was bis jetzt von Halonia abgebildet wurde, zeigt nicht etwas ganz ähnliches; so besitzt von den Lindley'schen Exemplaren bloss das eine ausser den grossen Narben nur noch kleinere Höckerchen; die aber gewiss nur die Spuren der früher daselbst vorhanden gewesenen Blattschuppen sind; sie repräsentiren wahrscheinlich die Durchgangsstellen für die Gefässe aus dem Stamme in die Blättchen; es sind nämlich beide Exemplare bloss die Steinkerne, die nach Entfernung der Kohlenrinde, die auf der ihnen zugekehrten Seite ebensolche Spuren zeigt, diese Höckerchen behielten.

Auch die Halonia taberculata L. H., wie sie z. B. auch in Geinitz: „Versteinerungen der Steinkohlenformation von Sachsen" th. III. f. 16 und tab. 9 f. 1. 2. 3. abgebildet ist, wo neben den grösseren Narben deutlich in rhombischen Figuren gestellte kleinere Höckerchen sich vorfinden, entspricht unseren Exemplaren nicht; doch ist höchst wahrscheinlich auch diese, wie ich es oft an Exemplaren von andern Orten, wie von Schatzlar, Schvadovitz, Stejnoujezd, Miröschau beobachtete, nichts anderes, als entweder die äussere Fläche des entrindeten Ausfüllungskernes des Stammes, oder der Innenabdruck der Rinde selbst, von Lepidodendron laricinum Stbg., wo genau jedes Höckerchen der ersteren, den Blattnarben in den Blattpolstern des letztern entspricht.

Auch an anderen Exemplaren von Halonia regularis L. H. von anderen Orten, z. B. von Lisek, im Liseker Becken bei Beraun hatte ich ähnliches, wie bei dem in Rede stehenden Stücke nicht beobachtet.

Die neuester Zeit von Schimper in seinem „Traité d. p. végétale" II. Livr. als Halonia tortuosa abgebildeten Exemplare sind allem Anschein nach nichts anderes, als die von Lindley und Hutton als Hal. regularis beschriebenen Arten, tragen deutlich die, die Stellen der früheren Blattpolster bezeichnenden Höckerchen, sowie die in Reihen gestellten grossen Höcker (resp. auch Vertiefungen).

Es steht also dem bis jetzt Gesagten zufolge und wie es beigegebene Zeichnungen erläutern (Tab. III. Tab. IV.), die Halonia regularis L. H. in sehr naher Beziehung zu Lepidodendron laricinum Stbg.; hier will ich zugleich anführen, dass schon Daves 1848 eine ähnliche Beziehung der Halonia zu Lepidodendron aussprach und dass er, wie aus seinem Berichte erhellet, ein ähnliches Exemplar vor sich gehabt haben muss, mit Lepidodendronstruktur der Rinde und den grösseren Höckern der Halonia.

Die darauf Bezug habende Abhandlung veröffentlichte er im „quarterly geological journal." Londres 1848 p. 289—291.

Danach sollte Halonia Pflanzen in sich fassen, welche die Oberfläche der Lepidodendra mit der Verästelung der Coniferen (die erhaltenen Höcker, resp. Vertiefungen) verbinden; doch Daves ist geneigter, die Haloniaarten näher zu den Lepidodendren zu stellen, indem es in seiner Abhandlung weiter heisst, dass besser erhaltene Exemplare zeigen, dass die angeblichen Reste wechselständiger Aeste nur Eindrücke der Vorsprünge sind, welche die Pflanze bezeichnen, und dass sie in der That gabelästig waren, wie die Lepidodendra.

Was also die Höcker am Stamm respect. Narben (Eindrücke) anbetrifft, so ist noch nicht ganz entschieden, ob sie Reste von Aesten, oder ob sie, nach Dave's Ansicht von, der Pflanze eigenthümlichen Vorsprüngen herrühren.

Ein unsern Exemplaren von Halonia regularis L. H. ähnliches hatte auch schon Corda in seinem unveröffentlichten Werke abgebildet und als Stigmaria gigantea Corda beschrieben; sein Exemplar zählte 4 Reihen von solchen Eindrücken (Narben) mit bis 6 derselben in einer Reihe : das Exemplar ist entrindet, zeigt aber an der ganzen Oberfläche keine Lepidodendronblattpolster, aber die unmittelbarste Nähe der Narben ist etwas gerunzelt und gefaltet, wie es auch bei den unsrigen der Fall ist, was gewiss von den Blattpolstern herrührt.

Auch an diesem Exemplare Corda's ist keine Kohlenrinde erhalten, nur an den Rändern der Höckereindrücke, ähnlich wie bei unsern Exemplaren ; diese Vertiefungen scheinen bei dem von Corda behandelten Stücke kleiner gewesen zu sein ; zugleich zeichnet er selbe auffallend verschieden an Grösse unter einander: was ich bei unsern noch nicht beobachtete, bei denen vielmehr in Bezug auf selbe eine deutliche Regelmässigkeit herrscht, indem alle annähernd gleich gross sind; doch bilden sie auch bei dem Corda'schen regelmässige Reihen. Dem von Corda angegebenen (jedoch ihm selbst zweifelhaften) Fundorte, Mühlhausen, zufolge stammt dieses Exemplar wenigstens aus demselben Kohlenschiefer, wie die unseren.

Die eben abgehandelten Petrefacte sind die interessantesten aus dem Pflanzenreiche der bei Kralup bisher vorgekommenen, und aus dem über sie Gesagten folgt daher:

„dass Halonia regularis L. H. und Lepidodendron laricinum Stbg. in nächster verwandtschaftlichen Beziehung zu einander stehen, wenn sie nicht gar eine und dieselbe Species repräsentiren."

Sagenaria elegans Stbg. sp (Lindl. et Hutton.)

1823. Lepidodendron Lycopodioides Stbg. I. fas. 2., p. 31, tb. 16. f. 1. 2. 4.
Lycopodiolithes elegans ibidem.
1831—32 Lepidodendron dilatatum Lindl. et Hutt.. „flor. foss. of. gr. Brit." tab. 7. f. 2.
1833—35 Lepid. elegans Lind. et Hutt. flor. foss. of. gr. Brit. tb. 118. tb. 199.
1838. Bergeria acuta, B. marginata Presl in Sternberg: II. p. 184.. tb. 48. f. 1. a.. p. 184, tb. 68., f. 16.
1854. Lepidodendron Haidingeri, Ettingshausen in : Steinkohlenflora von Radnitz p. 55, tab. 22. tb. 23.
1854. Lycopodiolithes dilatatus Geinitz „Preisschrift" p. 46. tab. 10. f. 1.
1870. Lepidodendron Sternbergi Bgt. und L. Haidingeri Ettingh.: Schimper in: Traité de pal. vég. II. p. 19 und 32, tb. 58 -60.

Diese Art kommt gleich dem Lepidodendron dichotomum Stbg. ungemein häufig vor; doch auch bloss als niedere Form, die Exemplare sind meist beblätterte Zweige; sehr häufig sind sie dichotom getheilt. Die meisten von ihnen sind mit einer Kohlenschichte bedeckt; in Form der Blattnarben stimmen die Exemplare völlig überein mit den von Ettingshausen abgebildeten und Lepidod. Haidingeri genannten Arten von Bfas; bei etwas grösseren Exemplaren sind noch deutlich die erhöhten Blattpolster zu unterscheiden, die dann deutlich der von Presl aufgestellten Art Bergeria acuta Pr. ähnlich sind.

Weitere Modificationen und Eigenthümlichkeiten bietet diese Pflanze nicht.

Lepidophyllum majus Bgt.

1822. Glossopteris dubius Bgt , Classes des végétaux fossiles tb. 2, f. 4.
1828. Lepidophyllum majus Bgt. Prodrome p. 87.
1854. Lepidophyllum binerve Ettingshausen, Steinkohlenflora von Radnitz p. 56, tb. 24, f. 3.
1855. Lepidophyllum majus Geinitz Preisschrift p. 55, tb. 16, f. 12—14.
1855. Lepid. majus Geinitz in Versteinerungen der Steinkohlenformation von Sachsen p. 37, tb. 2, f. 5.

Diese Lepidophylla (Tab. I. f. 45) kommen ungemein häufig vor und zwar meist von ziemlicher Länge und Breite; gewöhnlich gegen $2^{1}/_{2}$" lang und $^{1}/_{4}$" breit; besitzen deutlich den Mittelnerven erhalten; es ist nur ein Mittelnerve vorhanden, der ziemlich breit ist; doch manchmal sind nur die Begränzungsränder desselben erhalten und der mittlere Theil ist durch den zum Vorschein tretenten Schiefer ersetzt, so dass es den Anschein hat, als wären zwei Mittelnerven vorhanden, die dann viel dünner wären, und dieser Umstand, glaube ich, hatte Ettingshausen veranlasst so erhaltene Exemplare als eigene Art aufzustellen und Lepidophyllum binerve zu nennen.

Das meiste über diese Lepidophylla habe ich schon vorher beim Allgemeinen von den Lycopodiaceae gesagt; sie kommen also sowohl mit Schuppen, als ohne diese vor; die Schuppen kommen auch häufig allein, getrennt von den Lepidophyllis vor: (Tab. 1. f. 2. 3.) lange Zeit schienen mir diese allein vorkommenden Schuppen Carpolithen zu sein; sie kommen einzeln, doch auch mehrere beisammen vor, haben gewöhnlich eine länglich ovale Form mit beiderseits in eine kurze Spitze auslaufenden Enden; gewöhnlich sind sie zwei- oder dreifach gefurcht, so dass sie Carpolithen sehr ähnlich sind; doch später erhielt ich Exemplare von Lepidophyllen, die mit den vermeintlichen Carpolithen in Verbindung standen, auch einige, wo sie im Begriffe waren, sich von ihnen zu lösen; da erst erkannte ich, dass selbe nichts anderes waren als Blattschuppen, zu den Lepidophyllis gehörig, von denen sie sich zu lösen vermochten und mit denen die Lepidophylla warscheinlich auf den zugehörigen Blattpolstern aufsassen, welcher Umstand ganz gut die Aspidjarienstadien der einzelnen Arten zu erklären scheint, wie ich es schon früher andeutete, zumal, da es sehr häufig gelingt, namentlich bei der sogenannten Aspidiaira undulata Sthg. die Schuppen loszulösen, die dann an der dem Petrefacte zugekehrten Seite den Abdruck des Blattpolsters deutlich an sich tragen. (Auf ähnliche Verhältnisse hatte auch schon K. Feistmantel in: „Beobachtungen über einige fossile Pflanzen von Radnitz" in „Abhandlungen der k. böhm. Gesell. der Wissensch." VI. Folge. 2. Bd. aufmerksam gemacht.)

Wie schon früher gesagt, sind die Lepidophylla, wie sie hier vorkommen, viel zu gross, um zu den daselbst vorkommenden Lepidodendron- oder Sagenariaarten oder zu den

Lepidostrobis gerechnet werden zu können; sind vielmehr aus der Nähe her gespült oder hergetrieben worden.

Die Lepidophylla und die Schuppen sind bedeckt von einer dünnen Kohlenschichte, die am Mittelnerven etwas stärker ist, so dass dieser ganz deutlich hervorsticht.

Lepidostrobus variabilis Lindl. et Hutt.

1825. Conites cernuus Stbg.
1825. Antholithes cernuus Sternberg.
1831. Lepidostrobus variabilis Lindl. et Hutton flora fossil of great Brittain p. 10, tb. 10.
1842. Araucaria Sternbergi Corda in: „Verhandl. der Gesellschaft des vaterländischen Museum zu Prag p. 66, tab. I. f. 1—3.
1850. Araucarites Cordai Unger: „Genera et spesies plantarum fossilium" p. 382.
1855. Lepidostrobus variabilis Lindl. et Hutt., Geinitz: „Versteinerungen der Steinkohlenformation von Sachsen" p. 34. 35. tb. II.. f. 1. 3. 4,.
1870. Lepid. variabilis L. II. Schimper in: Traité d. pal. végét. II. p. 61. tb. 58 f. 2a. 5. tb. 61, fig. 1. 2.

Diese Fruchtzapfen sind bei Kralup ziemlich häufig; scheinen daselbst ziemlich lang gewesen zu sein; es kommen Exemplare, die jedoch nicht die ganzen Zapfen darstellen, bis zu 6—7″ Länge vor; meist sind sie jedoch bloss im Durchschnitte erhalten; selten von der Oberfläche her; und diess nur bei jenen, wo die Masse durch Kohlensubstanz erhalten ist, während jene, wo die Hauptmasse durch Schieferthon ersetzt ist, beim Aufschlagen fast immer im Durchschnitte erscheinen; doch sieht man dann deutlich die Spindel mit den abgehenden Bracteen.

Lepidostrobus ornatus Lindl. et Hutt.

1804. Parkinson organic remains Vol. I. tab. 9. f. 1.
1831. Lindley und Hutton: The flora fossil of great Brittain II. tb. 163; l. tb. 26.

Diess Petrefact hat grosse Aehnlichkeit mit dem von Lindley et Hutton als Lepidostr. ornatus abgebildeten, und ist eine selbständige Art, wenn es jenes ist, doch will ich es geradezu nicht behaupten und vertheidigen; ist selten, im Ganzen etwas kürzer als der Lepidostrb. variabilis und der Zwischenraum zwischen je zwei Brackteen ist etwas weiter. Doch könnte es immerhin bloss eine Abart des ersteren sein. Ist mit Kohlenschichte bedeckt.

Bergeria rhombica Presl.

1838. Bergeria rhombica Presl in Sternberg Vers. II. p 184. tab. 68. f. 18.
 „ Berg. quadrata Presl ibid. p 184, tab. 68 f. 19.
 „ Berg. angulata Presl ibid. p. 184. tb. 68. f. 7.
 „ Berg. minuta Presl ibid. p. 184, tb. 49, f. 2. a. b. f. 3.
1870. Lepidodendron rhombicum Schimper „Traitéé de pal. vég." II. p. 37.

Diese Art kommt bei Kralup ziemlich selten vor, aber in charakteristischer Form: Bergeria rhombica gehört mit den oben angefuhrten drei Arten gewiss nur zu einer Species, während die zwei übrigen B. acuta und C. marginata zu Sag. elegans zu ziehen sind. Neuester Zeit nennt Schimper diese Art Lepidodendron rhombicum.

Unser Exemplar ist theilweise mit einer dünnen Kohlenschichte bedeckt : es ist immer hin möglich, dass diese Art auch zu Lepidodendron gehört, wie es für B. acuta der Fall ist.

Endlich kommen aus der Ordnung der Lycopodiaeae bei Kralup jene Petrefacte vor, die als selbstständige Arten unter dem Namen Ulodendron majus Stbg. bestimmt und beschrieben wurden.

Es sind diess eleptisch-ovale verschieden grosse Narben, mit von der Periferie gegen den Mittelpunkt verlaufenden Furchen (Runzeln); immer kommen jedoch diese Petrefacte auf einer anderen Lepidodendronart vor, so dass sie keine selbstständige Gattung und Art darstellen, vielmehr präsentiren sie sich nach gehöriger Vergleichung als Narben nach abgebrochenen Aesten oder sonst anderen Organen irgend eines Lepidodendron, oder einer Sagenaria; doch ist für alle noch nicht die gehörige Mutterart bestimmt; bloss für einige; so besitzen wir im Museum ein Stück von Ulodendron v. Schatzlar, das unstreitig zur Bergeria rhombica gehört; ebenso sind für Sag. Veltheimiana diese Gebilde schon bekannt; unser Exemplar von Kralup dürfte zu einem Lepidodendron dichotomum Stbg. gehören.

Bisher sind bei Kralup bloss zwei Exemplare vorgekommen; diese sind mit einer Kohlenschichte bedeckt; ausser den Runzeln auf der Fläche zeigen sich noch kleinere Höckerchen, warscheinliche als Durchgangsstellen von Gefässen aus dem Stamme in die Aeste oder diessbezüglichen adnexen Organe.

Sigillaricae.

Diese Ordnung ist durch die eigentlichen Sigillarien bei Kralup nicht häufig vertreten, auch kommen keine grossen Exemplare vor; es kamen zwar 4 Arten vor, die jedoch nur spärlich vertreten sind.

Diese scheinen nicht ursprünglich an Ort und Stelle gewachsen zu sein, wo sie nur sehr spärlich und in Bruchstücken vorkommen und grösstentheils nur dekortikat sind.

Dagegen kommt die Gattung Stigmaria bei Kralup häufig vor, in der charakteristischen Form der Stigmaria ficoides Bgt.: diese scheint hier gewachsen zu sein, ohne in solcher Masse vorgekommen zu sein, um Kohlenbildung veranlasst zu haben.

Dieser Umstand scheint die Ansichten von einer Zugehörigkeit der Stigmaria als Wurzel zu Sigillaria gerade nicht zu fördern, wie überhaupt bei uns in Böhmen dafür keine Beweise von den einzelnen Fundorten sich aufführen lassen.

Sigillaria Brongniart 1828.
Sigillaria Pes Capreoli Stbg. sp.

1820 Syringodendron pes Capreoli Stbg. Vers. I. fc. 1. p. 22. tb. 13, f. 2; fsc. 4 tb. 24.
1825. Rhytidolepis fibrosa Artis Antediluvian phytology tb. 9.
1821. Syringodendron striatum Brongniart Classes végét. foss. p. 20, tab. 1. f. 3.
1854. Syringodendron pes Capreoli Ettingshausen in Steinkohlenflora von Radnitz p. 63.
1855. Sigillaria pes Capreoli Geinitz in Versteinerungen der Steinkohlenformation v. Sachsen p. 47.
1870. Sigill. Brongniarti Geinitz; Schimper in: Traité de pal. vég. II. p. 97.

Diese Art ist bis jetzt bloss vereinzelt vorgekommen, ist entrindet mit deutlichen Rippen und den punktförmigen Narben.

Sigillaria Candolli Bgt.

1828. Brongniart Prodrome p. 64.
1828. Histoire des végét. fossiles I. p. 463, tb. 150, f. 4.
1870. Dsgl. Schimper „Traité de pal." II., p. 86.

Kommt ebenfalls vereinzelt vor; die Blattpolster sind nicht ganz deutlich, kenntlich zu sehen. Bietet weiter nichts besonderes.

Sigillaria alternans Stbg. sp.

1825. Syringodendron alternans Sternberg I. fsc. 4, p. XXIV.
Rhytidolepis dubia Stbg. ibid. p. XXIII, tb. 31, f. 2.
1828. Sigillaria reniformis Bgt., Histoire végét. fossilles. I., p. 470, tb. 142.
1831—32. Sigillaria alternans Lindl. et Hutton fossil. flora of. gr. Brett. p. 159, tb. 56.
1853. Sigillaria alternans Geinitz „Preisschrift" p. 62, tb. 13. f. 1.,
1855. Dsgl. in: Versteinerungen der Steinkohlenformation v. Sachsen" p. 47, tab. 5, f. 1—4. 5 tab. 8, f. 2. 3.
1870. Sigill. reniformis Bgt.; Schimper in: Traité de pal. végét. II, p. 94., tb. 67., f. 1. 8. 9. (2) tb, 68, f. 9.

Diese Art ist bisher unter den Sigillarien häufigst vorgekommen; ist deutlich erhalten; unter andern besitzen wir ein Exemplar von etwa 6" Länge, 5" Breite mit 6 Reihen von Blattnarben-Paaren, mit bis 12 Paaren in einer Reihe; doch haben die Narben nicht die gewöhnliche ovale Form, sondern sind zu beiden Seiten in eine Spitze ausgezogen und die ganze Art ähnlicher der Brongniart'schen Varietät Sig. reniformis.

Die Exemplare sind ebenfalls entrindet.

Sigillaria alveolaris Bgt.

1821. Lepidodendron alveolatum Sternberg Vers. I, fsc. 1. p. 22.
Lepid. alveolare Stbg. ibid. p. 29, tb. 9, f. 1.
1825. Favularia obovata Stbg. Vers. I. fsc. 4. p. 13.
1828. Sigillaria alveolaris Bgt. Histoire des végét. fossilles I. p. 443 tb. 162, f. 5.
1854. Desgl. Ettingshausen in: Steinkohlenflora von Radnitz p. 62.
1870. Sigill. tessellata Bgt.; Schimper in: Traité de pal vég. II. p. 81. 82., tb. 68., f. 4.

Kam bis jetzt in einem einzigen Exemplare bei Kralup, aber sehr gut erhalten vor; die Reihen der Blattnarben, welche letztere grösser sind, als die bei den Sternberg'schen Exemplaren, sind nicht durch Reihen oder Furchen von einander getrennt, sondern sind so gestellt, dass zwischen je zwei der einen Reihe, eine Narbe der andern zu liegen kommt, so dass die Scheidungslinien der einzelnen Reihen wellig sich gestalten.

Es sind 8 Reihen solcher Narben vorhanden, jedoch nicht alle durch die ganze Länge der Reihen gleich vollkommen: in einigen Reihen verschwinden an dem einen oder dem andern Ende die Blattnarben gänzlich und sind dann nur durch die wellig verlaufenden Gränzlinien angedeutet.

Der erhaltene Theil ist mehr weniger mit einer dünnen Kohlenschichte bedeckt, die aber deutlich durch feine Sprünge nach zwei sich kreuzenden Richtungen aus lauter kleinen Würfelchen zusammengesetzt ist, so dass sich die Kohlenschichte leicht ablösen lässt und dann der nackte Steinkern blossgelegt wird.

Auch die Gefäss-Durchgangsstellen sind in den Narben deutlich angedeutet, durch 3 Höckerchen, von denen zwei, die äussern, länglich und bogenförmig gekrümmt sind und das dritte, punktförmige umfassen.

Stigmaria Brongniart 1825.

Diese Gattung ist reichlich vertreten durch:

Stigmaria ficoides Bgt.

1822. Brogniart, Mém. Mus. d'hist. des végét. fossiles p. 82. 88.
1828. Brongniart Prodrome p. 88.
1825. Sternberg I. fsc. 4. p. 38; II, p. 209. tb. 15, f. 4 5.
1821. Variolaria ficoides Sternberg I. fs. 1. p. 24, tb. 12. f. 1. 2. 3.
1854. Stigm. ficoides Bgt. Ettingshausen in: Steinkohlenflora von Radnitz p. 60.
1855. Dsgl. Geinitz in: Versteinerungen der Steinkohlenformation von Sachsen p. 49. tb.

Diese Art kommt bei Kralup häufig und von ziemlicher Grösse und Stärke vor; auch kommen Exemplare mit deutlich auf den Narben aufsitzenden Blättchen vor; einige Exemplare sind als Stämmchen erhalten; gewöhnlich ist sie mit einer, mitunter ziemlich dicken Kohlenschichte bedeckt; die Narben sind deutlich erhalten; dichotome Theilung habe ich nicht beobachtet.

Ihr Zusammenhang mit Sigillaria erhellt aus diesem Fundorte nicht; sie ist ziemlich gleichmässig unter den übrigen Pflanzen vertheilt, und scheint sich überhaupt an keine Zone zu binden, indem sie in den tiefsten Gürteln, wie in den höchsten, überall relativ gleich häufig vorkommt, wenn auch Sigillarien nicht vorkommen. Auch Schimper führt diese Art als solche an, und ist es nach ihm auch nicht sehr wahrscheinlich, dass sie als Wurzeln zu andern Formen gehört.

Nöggerathieae.

Cordaites Unger 1850.
Cordaites borassifolia Ung.

1820—25 Flobellaria borassifolia Stbg.; I. fsc. 2; o. 27: I., f. 4, p. 34, tb. 18.
1850. Cordaites borassifolia Unger „genera et species plantarum fossil" p. 277.
1852. Dsgl. Ettingshausen: „Steinkohlenflora von Stradonitz" p. 16, tb. V. f. 5.
1855. Dsgl. Geinitz: Versteinerungen der Steinkohlenformation von Sachsen" p. 41. tb.

Diese Art kommt ziemlich häufig bei Kralup vor, jedoch immer nur in einzelnen Blättern, verschiedener Länge und Breite; deutlich ist an ihnen die Parallelstreifung zu sehen; sie tragen gewöhnlich die Blattsubstanz als Kohlenschichte. Im ganzen scheint jedoch diese Pflanze hier vereinzelt vorgekommen zu sein.

Incertae sedis.

Hieher ziehe ich 2 Carpolithesarten, und einen Fruchtstand, deren Stellung zu den einzelnen Ordnungen noch nicht festgestellt ist.

Carpolithes contractus Stbg.

1825. C. contractus Sternberg Vers. I. fs. 1. 4. tb. 7, f. 7.

Carpolithes granularis Stbg.

1825. C. granularis Stbg. Vers. I. fc. 1. 4., tb. 8. f. 22.

Beide kamen bis jetzt selten, in einzelnen Exemplaren vor; sind theilweise mit einer Kohlenschichte bedeckt.

Lassen auf keine Mutterpflanze schliessen.

Endlich besitzen wir von Kralup einen Fruchtstand oder eher einen Blüthenstand, der sehr schön erhalten ist, dessen Stellung aber ich bis her nicht bestimmen konnte, indem ich bisher nicht genug Gelegenheit und Zeit hatte, ihn hinreichend mit lebenden zu vergleichen, um ihm wenigstens die Ordnung anweisen zu können.

Auch diessmal lasse ich ihn unbestimmt, will bloss auf ihn aufmerksam machen, da ich gesonnen bin, ihn demnächst gemeinschaftlich mit noch andern Fruchtständen zu behandeln.

Es ist dieser Fruchtstand etwa 4" lang, sein Stengel etwa $2\frac{1}{2}$" dick; er besitzt beiderseits deutlich erhaltene Blüthenorgane; und zwar befinden sich auf der einen Seite (rechts) deren 11, auf den anderen 9; nicht alle sind gleich deutlich erhalten, an manchen sind die Blüthen vollständig, während an anderen bloss die Blüthenhüllen vorkommen; eine dieser Blüthen ist jedoch schon zur Frucht gereift und trägt eine runde, etwa $2\frac{1}{2}$''' im Durchmesser haltende Beere, die noch den Griffel trägt; die Substanz ist nicht gänzlich verkohlt, sondern in ein dunkelbraunes Häutchen verwandelt.

— — —

Wenn wir also das bisher über Kralup gesagte betrachten, so gehört dieser Ort jener Zeit an, wo sich die Schichten des zweiten Flötzzuges in der Ablagerung in NW. von Prag bildeten; es war dieser Ort ein Uferland, jedoch ausserhalb der Bedingungen, die nothwendig waren zur Hervorbringung eines reichen und kräftigen Pflanzenwuchses, und somit zur Ablagerung von Steinkohlenflötzen Veranlassung zu geben, kurz es bildeten sich hier keine hinreichend mächtigen Torflager, die sich uns, wie anderorts, als Steinkohle erhalten hätten.

Nach den hier auftretenden Pflanzenresten, unter denen Asterophylliten und Filices vorherrschen, die jedoch auch zahlreich Lycopodiaceae, aber insgesammt die niedern, nicht zur Steinkohlenbildung wesentlich beitragenden Arten enthalten, gehört dieser Ort der fünften Zone Geinitz's an.

Die Spharosideritbildung ist eine secundäre, durch Infiltration von aussen entstandene, wie überhaupt der Schiefer reichlich, namentlich an den Spaltgängen Eisenoxydhydrat abgesetzt enthält; es mag aus D-Etage der Silurformation stammen.

Die Flora ist im allgemeinen eine interessante und mannigfaltige zu nennen, indem die verschiedensten Ordnungen und Gattungen ihre Vertreter daselbst haben.

Den Hauptwuchs daselbst bildeten Asterophylliten in den verschiedensten Formen und Stadien, zahlreich im Fructifikationsstadium; mit ihnen an Häufigkeit wetteiferten die Filices, von denen die meisten gleichmässig unter diesen vertheilt vorkamen, nur die Schizopteris, die übrigens eine Parasitpflanze zu sein scheint, kam gruppenweise vor; nur hie und da schoss ein schmächtiger Calamites empor, um wenigstens theilweise die Calamiteae zu vertreten.

Ueber diesen Unterwuchs von Asterophyllites und Filices erhoben sich, jedoch zu keiner bedeutenden Höhe, die wahrscheinlich darniederliegenden, dahinkriechenden Sträucher von Sagenaria und Lepidodendron mit ihren Lepidostrobis; ziemlich häufig unter diesen zog sich auch die, bezüglich ihrer Beschaffenheit noch nicht völlig aufgeklärte Stigmaria dahin.

Unter diesen, ziemlich gleichmässig vertheilten Pflanzen kamen dann hie und da in vereinzelten Exemplaren stehend die interessanten, den Zusammenhang zwischen Lepidodendron laricinum und Halonia regularis vermittelnden, mehr baumartigen Pflanzen vor; ähnlich der Cordaites borassifolia Ung.

Die Sigillarien scheinen, wie schon früher erwähnt, nicht an Ort und Stelle gewachsen zu sein.

Der Boden, auf dem diese Pflanzen wuchsen, war feucht; — die Luft wasserdunsthaltig, also ebenfalls feucht; das Klima ein wärmeres, mildes.

Erklärung der Abbildungen.

Tafel I.

Fig. 1. Fruchtstand von Asterophyllites equisetiformis, die sogenannte Volkmannia gracilis Stbg. Es sind 2 Aehren erhalten; die eine (obere) ist grösstentheils mit Kohlenschichte bedeckt, während die tiefere grösstentheils entrindet ist; am untern Ende des Pflanzenstengels ist noch ein dritter Fruchtährenstengel. Gehört dem I. Entwickelungsstadium an.

Fig. 2 und 3. Die carpolithesartigen Sagenaria-Schuppen, jedoch von der, dem Stamme zugekehrt gewesenen Seite erhalten; Fig. 2. mit Kohlenschichte; Fig. 3. entrindet.

Fig. 4 und Fig. 5. Lepidophylla mit den bezüglichen Schuppen in Verbindung; die Schuppen von Fig. 5 ganz ähnlich jenen von Fig 2 und 3; die Lepidophylla mit Kohlenschichte, deutlich den Mittelnerven zeigend.

Tafel II.

Entrindetes Exemplar von Halonia regularis L. II. mit 3 Reihen von Narben, Oberfläche ohne Struktur, nur unmittelbar um die Narben rhombische Andeutungen besitzend.

Tafel III.

Fig. 1 und Fig. 2. Beide hier abgebildete Stücke gehören zu einander, indem Fig. 2 als Stämmchen in den Hohlabdruck F. 1 passt; diese Exemplare, ebenfalls Halonia regularis L. H. darstellend, besitzen schon deutlicher an der Oberfläche die Schuppen von Lepidodendron laricinum.

Tafel IV.

Fig. 1. Ist das entscheidende Exemplar für die Zusammengehörigkeit von Halonia regularis L. H. und Lepidodendron laricinum Stbg. Es besitzt neben den 4 Halonia-Narben die ganz deutlich erhaltene Lepidodendronstruktur der Rinde, die dem Lepidodendron laricinum Stbg. angehört.

Fig. 2. Zeigt auch ein Exemplar von Halonia mit ganz gut erhaltenen Narben, die innen das früher erwähnte Höckerchen und in diesem wieder noch die punktförmige Vertiefung zeigen; überhaupt sind bei diesem die Narben, was Regelmässigkeit anbelangt, am besten erhalten.

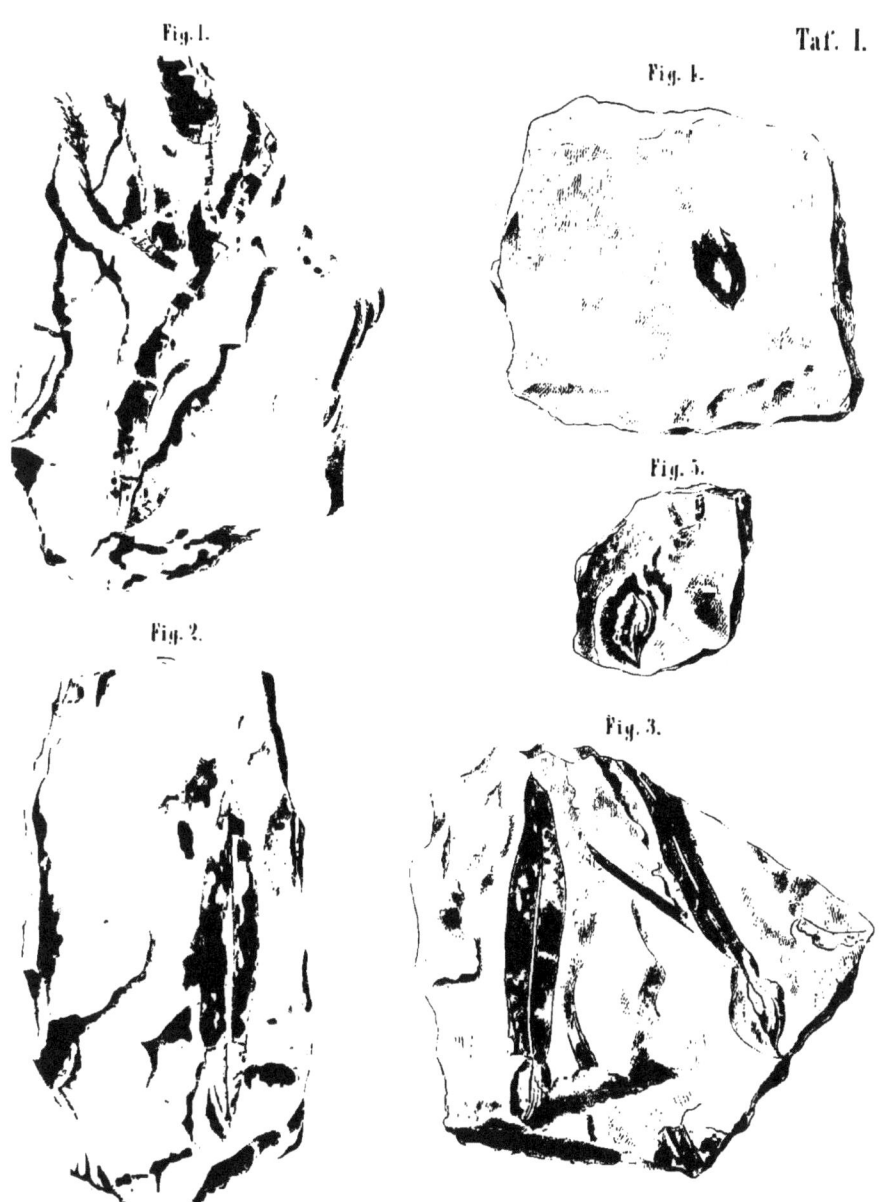

Fig. 1. Asterophyllites equisetiformis Bgt. (Volkmannia gracilis Slbg.)
F. 2. 3. Lepidophyllum majus Bgt. (mit Schuppen)
F. 4. 5. Blattschuppen zu Lepidophyllum.

Taf. II.

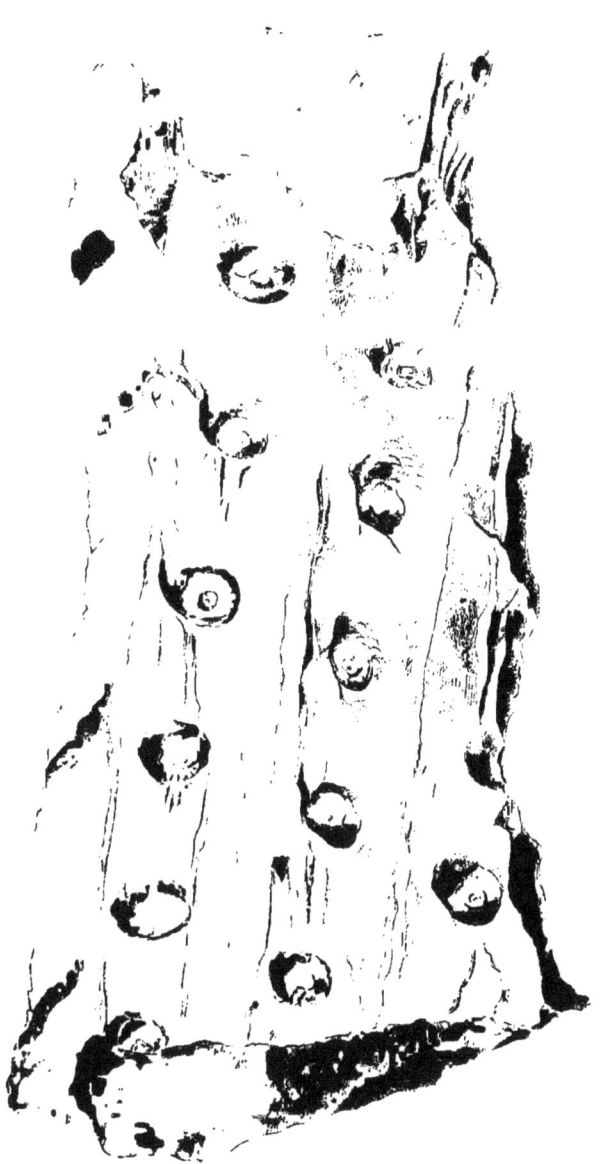

Halonia regularis Lindl. & Hutt.

Taf. III.

Fig. 1.

Fig. 2.

Halonia regularis Ludw. & Hust.
(Lepidodendron laricinum Stbg.)

Taf. IV.

Fig. 1.

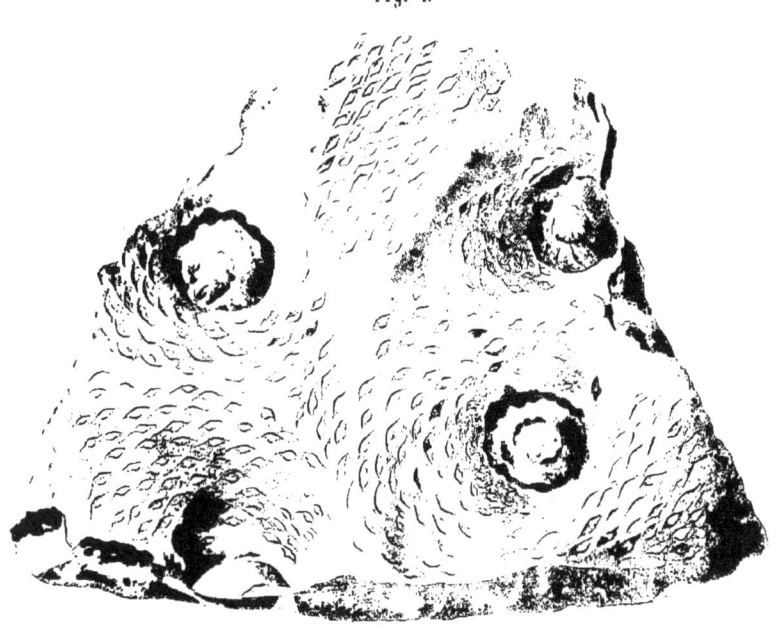

Fig. 2.

Fig. 1. Lepidodendron laricinum Stbg.
(Halonia regularis L. u. H.)
Fig. 2. Halonia regularis Lindl. & Hutt.